# 쾌락주의 철학

시부사와 다쓰히코 지음 | 김수희 옮김

# 목차

## 제5장 쾌락주의의 거장들

## 제6장 당신도 쾌락주의자가 될 수 있다

# 들어가며

'태평 무드(泰平ムード)'라는 말이 있습니다. 말만이 아니라 실제로 그런 '무드'가 있는 모양입니다.

전쟁이 끝나고 20년이 지났습니다. 평화가 지속되며 일본 경제는 고도성장을 이뤄냈고, 소비문화까지 발달해 고생거리도 없어졌습니다. 더 이상 할 게 아무것도 없었는지, 레저니 바캉스니 구호까지 요란해지면서 생각 없이 흥청거리는 사람들도 있는 것 같습니다.

물론 평화가 이어지는 것은 바람직한 일이고, 노는 것도 당연히 바람직한 일입니다. 그러나 나는 이 무드라는 것이 도무지 마음에 들지 않습니다. 아주 거슬립니다.

당신도 그렇지 않습니까? 어쩌다 보니 그런 무드에 편승해 군중과 함께 산이며 바다로 몰려가거나 우왕좌왕하는 것이, 어쩐지 바보스럽게 느껴지지 않습니까?

"레저를 즐기자"라고 대중에게 호소하면서 이런 무드를 고조시키는 장본인은 매스컴과 오락, 관광 등 여가산업입니다. 무드란 요컨대 **누군가가 만들어낸** 무드입니다. 설령 여기에 오락이 존재하더라도 **규격품에 가까운 쾌락**이 있을 뿐입니다. 강요된 무드 안에서 규격에 맞춰진 쾌락을 추구해본들 허무할 뿐입니다.

애당초 무드라는 단어는 수동적이고 정체되어 있습니다. 미지근한 물에 잠겨 있는 듯한, 격렬한 감정적 기복이 없는 분위기를 가리킵니다. 능동적인 생활 태도나 적극적인 쾌락 추구 자세와는 정반대의 표현입니다.

그러고 보니 요즘 젊은이들 가운데에도 이런 김빠진 맥주 신세 같은 **무드적**인 부류가 늘어나는 것 같은데, 실상은 어떨지 모르겠네요.

전후(戰後, 1945년 이후-역주) 일정 시기까지 '젊은이'라고 하면 궤도를 이탈했다는 의미에서 **'무궤도'**라는 이미지가 당장 연상되었습니다. 좋은 의미에서든 나쁜 의미에서든 에너지가 충만한 존재였습니다. 아프레게르(전후파, Après-guerre, 제2차 세계대전 이후 나타난 경향. 기존의 사상이나 도덕에 구속되지 않고 행동하는 젊은이들을 부정적으로 포착한 표현-역주), '태양족', '폭주족(오토바이 폭주족으로 번개를 뜻하는 의미에서 가미나리족[カミナリ族]이라 불림-역주)', 그리고 '전학련(全学連, 전일본학생자치회총연합의 약칭으로 1948년 145개 대학의 학생 자치회로 결성됨-역주)'이 그것입니다. 그 무렵 젊은이들의 얼굴에는 어딘가 어두운 그늘이 있었고, 눈초리도 흉악했으며, 도저히 감당하기 어려운 시니컬한 입술이 장착되어 있었습니다. 딱히 비장감을 옹호할 생각은 없지만, 지금은 오히려 그런 것들이 그리워집니다.

최근 TV 드라마 따위를 보면 우등생 부류의 청년들이 엄청나게 늘어나고 있는 것 같습니다. 순수하고 순종적이고 착실해 보이는 청년들입니다. 어른들이 착하다며 당장 머리를 쓰다듬어줄 지경입니다. 실로 한탄스러운 경향이 아닐 수 없습니다.

한편, 현대 청년들은 '드라이하다'든가 '쿨하다'는 평가를 받는 경우가 많습니다. 정말 그럴까요?

예컨대 자신의 감정이나 욕망을 죽이면서까지 상사에게 좋은 평가를 받으려고 하고, 출세 코스를 중시하면서 필사적으로 회사의 의자에 매달리는 모범적인 샐러리맨이 있다고 칩시다. 이런 샐러리맨이 있다면 겁이 많고 소심하다는 평가는 가능하지만 '드라이하다'라고는 도저히 생각되지 않습니다.

"도저히 불가능할 것 같은 일은 시도조차 하지 않는다. 실현 가능한 범위에서만 반드시 지킨다." 이런 찌질한 현실주의가 현대 청년들 사이에 만연해 있다는 기분이 듭니다.

이는 합리주의나 '드라이' 따위와는 무관합니다. 오히려 자신의 외적 형편에 따라 스스로의 욕망을 외면하고 정당화하고 왜곡하는, 태만한 정신의 표출일 것입니다. 상황이 이렇다면 시야는 더욱 좁아지고 이상은 낮아질 뿐이지 않을까요?

혹평만 잔뜩 늘어놓았네요. '쾌락주의 철학'을 논하기 위해서는 우선 독자분들의 정신에 **엄포**를 놓을 필요가 있다고 생각했기 때문입니다.

물론 내가 제창하는 쾌락주의는 태평 무드 시대의 레저 따위와는 아무런 관계도 없습니다. 아니, 무관하다기보다는 그런 무드에 저항하기 위한 처방전을 나름대로 작성했다고 생각합니다.

그럼 본문을 읽어주시길 바랍니다.

시부사와 다쓰히코

# 제1장

## 행복보다 쾌락을

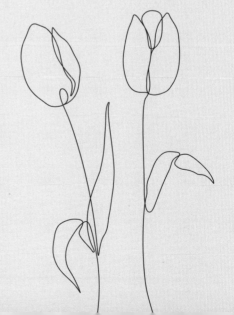

# 제1장 행복보다 쾌락을

서점의 메인 진열대를 보니 여전히 『행복론』, 『인생론』 같은 책들이 인기가 많습니다. 그리고 그런 책을 쓴 저자는 대부분 대학을 정년퇴직한 연배의 철학자 같은 사람들뿐입니다. 항상 의문스럽습니다. 새로운 시대의 에너지로 충만한 젊은이들이 이런 케케묵은 '행복론'에 과연 만족할 수 있을까요. 이런 책을 읽고 더욱 반듯하고, 더욱 순응적인 사회인이 된다면 참으로 개탄스러운 일이 아닐까요?

간단히 '행복론'이라는 용어를 사용해보았습니다. 그런데 도대체 행복이란 뭘까요? 행복이 그렇게 중요합니까? 그렇게 소중한가요? 우선 그것부터 명확히 해보고 싶습니다.

## 인생에는 목적 따윈 없다

우선 뜬금없는 이야기를 해봅시다. 인간의 삶에 목적 따윈 없습니다. 인간 역시 동물이기 때문에 먹고 자고 성교하고, 수명이 다하면 죽습니다. 그게 다입니다.

애당초 동물의 삶에는 목적 따위가 존재하지 않습니다. 소나 돼지의 사명이 인간에게 잡아먹히는 일은 아닐 것입니다. 인간이 자기중심적으로 특정 동물에 대해 '해조(害鳥, 인간에게 해를 끼치는 새-역주)'니 '익충(益蟲, 인간의 생활에 이로움을 주는 곤충-역주)'이니 하며 분류하지만, 참새가 딱히 인간을 괴롭힐 목적으로 벼를 쪼아대는 것은 아닐 것입니다. 잠자리도 군이 인간에게 도움을 주고자 모기를 먹어치워주는 것은 아닙니다. 그렇게 생각하는 것은 인간의 자기중심적인 사고방식입니다.

인간이란 동물은 실로 오만방자하고 제멋대로입니다. 뱀이나 개구리처럼 언뜻 보기에 흉한 동물이라면 잡아 죽여도 태연하지만, 공원에 있는 단 한 마리의 백조가 술주정뱅이의 손에 죽기라도 하면 몹시 감상적이 되어 야단법석을 떨지요. '휴머니즘(인간주의)' 따위의 편리한 것들을 발명해 거드름을 피우지만, 결국 인간의 삶 역시 개나 고양이의 삶과 별반 다를 것이 없습니다. 목적이 있을 리도 없거니와 특별한 사명이 있는 것도 아닙니다.

인생의 목적이란 무엇일까요. 이런 질문을 받고 단박에 답변할 수 있는 사람은 아마도 종교를 가진 사람들뿐이겠지요. 종교가는 인간보다 한 단계 위에 있는, 인간 세계를 초월한 '신'이라는 존재를 생각합니다. 세계도 인간도 역사도, 모조리 신의 의지에 따라 움직이는 것이기 때문에 이야기는 간단합니다.

기독교에 따르면 소나 돼지가 인간에게 죽임을 당해 소시지나 스키야키가 되는 것도 신이 정해놓은 동물들의 사명입니다. 물론 인간이 먹고 자고 성교하고 종당에는 죽는 것도 신이 부여한 운명입니다. 고맙지 않아도 고맙게 생각해야 합니다. 마치 소나 돼지가 불평불만 없이(사실 불만은 있겠지만) 인간에게 잡아먹히는 것처럼, 인간도 고스란히 신에게 먹히는 존재입니다. 그것이 바로 종교라는 것입니다.

신이라는 이름의 두렵고 강력한 주인님을 머릿속으로 상상하며, 다른 즐거운 일이나 유쾌한 것들에 눈을 질끈 감아버린 채 만사를 주인님의 마음에 들도록 노력한다면, 무의미한 인생에도 분명 하나의 목적이 솟구칠지도 모릅니다. 그렇게 생각하고 싶은 사람은 맘껏 그리 생각하면 됩니다. 굳이 타인의 삶에 트집 잡을 필요는 전혀 없습니다.

하지만 우리는 **인간을 위한** 인간의 삶에 대해 고민해보고 싶습니다. 있지도 않는 주인님을 굳이 상정해놓고, 그런 주인님을 위해 자기 인생을 희생하다니요. 됐습니다. '절대 사절'입니다.

인생에 목적이 없다면 단단히 각오를 다진 후 스스로 만들어내면 됩니다. 위축되지 말고 세게 나가면 됩니다. 딱히 어려운 일도 아닙니다. 인간은 각자의 삶에서 무엇을 추구하며 어떤 것을 실현하고 싶어 할까요? 고민해보면 답은 바로 나옵니다.

요컨대 우리 모두가 갈망하는 것은 욕망이 충족된 상태입니다. 우리 모두가 실현하고 싶어 하는 것은 모든 것이 충족된 삶입니다. 굳이 불만족을 추구할 사람은 없습니다.

욕망을 충족시키려는 노력이야말로 인간이 살아가는 이상 피할 수 없는 인생의 목표라고 할 수 있습니다.

우리는 험한 일을 당하기보다는 당하지 않는 편이 낫다고 생각합니다. 실연당하기보다는 애당초 그런 일이 없는 편이 낫다고 생각합니다. 배가 고프면 뭔가를 먹고 싶습니다. 당연합니다. 이것은 자연스러운 욕구, 본능적인 경향입니다. 본능적 경향에 반하는 것을 원하는 사람은 어지간히 괴팍한 자이거나 도착적인 마조히스트라고밖에는 생각되지 않습니다.

예컨대 도스토옙스키(Fyodor Mikhailovich Dostoevskii)의 『지하 생활자의 수기(Zapiski iz podpolya)』의 주인공처럼 비뚤어진 인간은, "절망 속에서도 타는 듯이 강렬한 쾌감이 있기 마련이다"라고 말하기도 하고, "치통마저 쾌감이 있거든요" 따위의 주장을 늘어놓습니다. 물론 이것은 소설가 도스토옙스키가 피눈물 나는 삶의 고뇌 끝에 제시한 역설일 뿐입니다. 미지근한 물처럼 안온한 행복 속에 잠겨 있는 소시민에 대한 필사의 도전이지요.

의식 과잉 상태의 이런 반역자는 낭만주의 시대에 드러난 병적인 예외에 불과하기 때문에 크게 문제시할 필요는 없습니다.


## 행복과 쾌락은 다르다


그런데, '욕망의 충족'이라는 한마디로 표현했지만 사실 '모든 것이 충족된 삶'에는 두 가지 사고방식이 있다는 것을 알 수 있습니다. 한 가지는 소극적인 사고방식이고, 나머지 하나는 적극적인 사고방식입니다.

예컨대 험한 일을 당하기보다는 그런 경우를 당하지 않는 편이 낫고, 실연당하기보다는 당하지 않는 편이 낫다는 것은 소극적인 사고방식입니다. 한편 열광적인 트위스트 춤을 추고 싶다거나, 피가 뚝뚝 떨어지는 비프스테이크를 먹고 싶다거나, 국내에 있으면 옹색하고 갑갑하니 비행기를 타고 머나먼 파리로 날아가버리고 싶다거나, 연인과의 하룻밤을 호화로운 호텔에서 화끈하게 보내고 싶다고 생각하는 것은 적극적인 사고방식입니다.

보통은 두 가지 측면을 뭉뚱그려 행복이라고 말하지만, 누구나 이해할 수 있는 것처럼 이 두 가지 측면은 각각 현저한 차이를 보입니다. 어떻게 다를까요? 전자가 **고통을 회피하려는** 경향이라면, 후자는 기꺼이 **쾌락을 획득하려는** 경향입니다. 여기서는 문제를 명확히 하고자 의미를 한정해 전자를 **행복**에 대한 욕구라고 칭하고, 후자를 **쾌락**에 대한 욕구라고 부르기로 합시다.

쾌락과 고통은 인간의 감각에 바탕을 둔 현상입니다. 감각에 뿌리를 내리고 있기 때문에, 그만큼 절실하고 만인에게 공통된 것이라고 할 수 있습니다.

반면에 행복이란 그저 **고통의 결여**일 뿐입니다. 이것은 아무래도 애매모호한 개념이라고 할 수밖에 없습니다.

쾌락과 행복이 어떻게 다른지를 좀 더 자세히 비교해봅시다.

우선 첫 번째, 행복은 주관적이지만 쾌락은 객관적입니다. 앞서 "쾌락은 감각에 뿌리를 내리고 있으며 만인에게 공통된 것이다"라고 말했는데, 유감스럽게도 행복에서 만인에게 공통적인 기준은 발견할 수 없습니다.

찢어지게 가난해도, 회복 불능의 질병과 싸우고 있어도, 오로지 신에게 의지하며 본인은 결국 천국에 갈 것이라고 철석같이 믿고 있으면, 어쩌면 행복한 기분을 느낄 수 있을지도 모릅니다. 타인에게는 몹시 불행해 보이더라도 정작 당사자는 자신의 자그마한 행복에 매달리며 이에 만족하는 경우도 의외로 있습니다.

아울러 생활이 편리해진 현대에 비해 과거에 살던 사람들이 불행했다고 할 수도 없습니다. 전기가 없어 촛불을 켜고 책을 읽어도 니노미야 긴지로(二宮金次郎, 니노미야 손토쿠, 일본의 농정가이자 농민 철학자-역주)는 행복했을 겁니다. 기차가 없던 시절에 에도(현재의 도쿄-역주)에서 도호쿠 지방까지 직접 걸어갔던 마쓰오 바쇼(松尾芭蕉, 에도 시대 하이쿠 가인-역주)도 스스로가 불행하다고는 전혀 생각하지 않았을 겁니다. 아니, 오히려 그들은 그런 고통스러움이나 불편함 속에서 스스로 행복하다고 느끼기 위한 근거를 적극적으로 발견했을지도 모릅니다. 단, 그것은 그들만의 만족이었고, 타인과는 전혀 무관한 것이었습니다.

풍류가 뭔지도 모르고, 하이쿠(俳句, 5·7·5의 3구 17자로 된 일본 특유의 단시-역주)를 읊을 수도 없는 사람이, 거지나 다름없는 행색으로 오쿠노호소미치(奥の細道, 마쓰오 바쇼가 에도를 출발해 도호쿠 지방을 거쳐 기후[岐阜]현으로 돌아온 약 150일의 기행문 『오쿠노호소미치』에는 다수의 명작 하이쿠가 수록되어 있어 현재도 인기 있는 여행 코스임-역주)를 걸어가본들 행복

따위를 발견할 수 있을 리 없습니다.

봉건시대에는 지배계급인 무사만 거드름을 피웠고 조닌(町人)이나 농민은 굽실거려야 했기 때문에 필시 그들은 불행했을 거라고 생각할 수도 있습니다. 하지만 이것도 어이없는 이야기일 것입니다. 전쟁에서 피를 흘리며 죽어간 사람들은 무사들이었기 때문에 오히려 무사들이 더 불행했다고도 말할 수 있습니다.

요컨대 행복이란 참으로 종잡을 수 없이 불분명하고 주관적인 것입니다. 행복을 느끼는 당사자의 감수성이나 인생관, 교양 등에 따라 얼마든지 바뀔 수 있기 때문입니다.

이에 반해 쾌락에는 확고한 객관적 기준이 있습니다. 손으로 단단히 포착할 수 있는 신선한 감촉, 중량감이 있습니다. 맛있는 요리를 실컷 먹는 것은 시대나 환경을 불문하고 만인에게 공통된 희망 사항입니다. 절세의 미녀를 갖는 것은 역사가 시작된 이래 온 세상의 남정네가 품는 영원한 꿈입니다. 그리고 실제로 맛있는 것을 먹으면 "아, 정말 맛있네!"라고 생각하지 않을 수 없고, 소원이 이루어져 미녀의 살갗에 닿으면 순식간에 어떤 말로도 형용할 수 없는 쾌감의 극치, 황홀경에 빠지게 됩니다.

설령 한순간의 도취라 해도 그 강렬함, 뜨거움, 중량감, 황홀감은 미지근한 행복 따위를 모조리 한 다발로 묶어도 도저히 미치지 못할 정도로 찬란한 만족감을 줍니다.

이러고 보면 쾌락이란 순간적인 것이며, 행복이란 지속적인 것이라고 말할 수 있을지도 모릅니다. 이것이 두 번째의 차이점입니다.

행복은 조용하고 애매하고 흐릿한, 물결의 일렁거림이 없는 혼탁한 늪 같은 상태입니다. 철학자 스피노자(Baruch Spinoza)가 말했던 것처럼 행복이란 기껏해야 "인간이 자기 존재를 유지할 수 있느냐에 달려 있다"라고 말할 수 있을지도 모릅니다.

반면에 쾌락은 순간적으로 불타올라 놀랄 만큼 뜨거워졌다가 순식간에 꺼져버리는 불꽃놀이 같은 존재입니다. 분명 꿈같은 것이긴 하지만, 그만큼 격렬한 기복이 있으며 인간으로 하여금 행동으로 치닫게 내모는 아름다움, 강렬함이 있습니다.


## 문명의 발달은 인간을 만족시키지 않는다

물론 인간에게는 소극적인 심정도 존재합니다. 일순간의 강렬한 쾌락을 추구하다 완전히 신세를 망치기보다는 미약하나마 잔잔하고 지속적으로 행복한 삶을 살고 싶고, 그러는 편이 안심이 된다는 마음입니다. 격렬한 쾌락 후에는 끔찍스러운 회한이나 고통이 찾아올지도 모를 일입니다. 인간은 겁쟁이입니다. 예로부터 안전하다고 여겨져왔던 습관이나 전통을 직접 타파하기란 보통 어려운 일이 아닐 것입니다.

만약 예로부터 이어져온 습관이나 전통을 '문명'이라고 부른다면 끊임없이 문명을 쌓아올린 인간의 내면 깊숙이에 행복이라는, 조용하고 지속적인 삶의 만족을 추구하는 심정이 있었을 것입니다. 요컨대 문명의 진보와 발전은 행복을 추구하는 인간의 태도와 밀접하게 관련되어 있습니다.

그런데 문명의 진보를 통해 만인의 행복이 실현되고 있을까요? 예컨대 오늘날 같은 기계문명의 진보, 자본주의 문명의 발달은 만인의 행복 증대를 약속해주고 있을까요? 매우 의문스럽습니다. 만약 문명의 진보가 행복의 증대를 약속한다면 문명의 진보나 행복에도 객관적인 가치가 있다는 말이 되겠지만, 꼭 그렇다고 말할 수도 없습니다.

정신분석학을 창시한 심리학자 프로이트(Sigmund Freud)가 『문화의 불안(文化の不安)』이라는 탁월한 논문(1930년에 저서로 출판됨. 『Das Unbehagen in der Kultur』-역주) 속에서 논하고 있는 것처럼, 문명이란 원래 인간의 행복을 위해 만들어진 것인데 오히려 그것이 진보하면 할수록 인간의 행복과 적대적인 요소가 나타나기 시작합니다.

이는 비단 프로이트만이 아니라 누구나 느끼고 있는 바입니다. 최근에는 '소외'라는 편리한 말이 사용되고 있습니다. 문명의 소외에 의해 이런 자본주의 사회에서 살아가고 있는 우리는 아무리 악착같이 일을 해도, 아무리 레저를 즐겨도 조금도 즐겁다고 느껴지지 않습니다.

정말로 그렇습니다. 산업혁명이나 시민혁명 이후 자연과학이나 기술 응용이 비약적으로 발전하면서 과학적 성과에 자부심을 느끼고 사회 전체가 기술의 혜택을 받고 있는 측면이 있는 것은 사실입니다. 옛날엔 상상조차 하지 못했던 일용품이나 냉장고, 자동차도 지금은 자유자재로 사용하고 있습니다. 그러나 그것들이 있다고 해서 옛날 사람들보다 행복해졌을까요? 참으로 슬프지만 그렇다고 단언할 수는 없습니다.

프로이트는 다음과 같은 예를 들고 있습니다. 요즘엔 전화라는 것이 있어서 어머니들은 몇백 km 떨어진 머나먼 타국에 있는 아들의 목소리를 들을 수 있습니다. 혹은 전보라는 것 덕분에 외국으로 간 자신의 남편이 무사히 배에서 내렸다는 사실을 알게 되어 고향에 있는 아내는 안심할 수 있습니다.

언뜻 보기엔 과학기술이 진보해서 행복감이 증가한 것처럼 여겨집니다. 그러나 이런 '값싼 만족'을 추구하는 것은 "추운 겨울밤, 속살이 고스란히 드러난 맨발을 이불 바깥으로 뻗었다가 다시 안쪽으로 끌어당기는 것이나 마찬가지다"라고 프로이트 선생님은 신랄하게 비판하고 있습니다.

가령 비행기나 증기기관선이 존재하지 않았다면 아이들이 고향을 등지는 일은 애당초 없었을 것입니다. 혹은 아이의 목소리를 듣기 위해 일부러 전화 신세를 질 필요도 없었을 것입니다. 상사 근무를 위한 출장 제도가 없어서 애당초 남편이 머나먼 타국까지 갈 일이 없었다면, 아내는 군이 전보 따위를 기다릴 필요도 없었겠지요. 즉, 과거에 비해 걱정이나 고생스러움의 개수가 증가되었기에 당연히 만족과 관련된 숫자도 덩달아 늘었을 뿐이지 않을까요?

과거엔 위생학 수준이 낮았기 때문에 소아의 사망률이나 임산부가 감염에 노출될 위험률도 높았습니다. 그러나 현재는 소아 사망

률이 낮은 대신 산아 제한이나 임신중절이 행해지고 있습니다. 아 이러니한 이야기입니다. 과거엔 남녀의 평균수명도 짧았고, 빈곤이나 재해로 희생되는 비율도 높았습니다. 그러나 현재 예컨대 스웨덴처럼 사회보장제도가 잘 갖춰진 나라에서 노인 자살자가 많습니다. 영화에서도 볼 수 있는 것처럼 절망적 기분에 휩싸인 젊은이들이 오토바이를 타고 질주하거나 성적으로 지나치게 자유분방한 경우도 있습니다. 휴머니즘과 별개로 사회에는 어떤 균형감이 필요할지도 모릅니다. 지나치게 행복해지면 불행거리도 덩달아 많아지고, 만족감이 커지면 그에 비례해 고생거리도 늘어납니다.

이런 까닭에 우리는 문명에 바탕을 둔 생활을 진심으로 저주하고픈 심경에 빠지곤 합니다. 문명에 바탕을 둔 생활은 신경과민을 유발합니다. 이럴 바엔 차라리 문명으로 하여금 과거로 거슬러 올라가게 하여, 다시금 벌거벗고 원시시대로 돌아가면 어떨까요? 그럴 수 있다면 자못 행복할 거라는 생각마저 듭니다. 뉴기니(New Guinea, 오스트레일리아 북쪽에 있는 섬-역주)에 사는 원주민의 소박한 삶이나 에스키모의 단조로운 생활 속에 오히려 진정한 행복이 있을지도 모른다는 생각도 듭니다. 그런데 이런 사고방식은 20세기 이후인 현대에 들어와 시작된 것이 결코 아닙니다. 이미 프랑스혁명 이전의 18세기 계몽철학자들이 '행복한 야만인'이라는 말을 사용하고 있습니다.

그러나 어떤 시대, 어떤 사회에 살든 그 자체만으로 인간이 행복해질 수는 없는 거라는 생각이 듭니다. 원시인이나 과거의 인간에게 아무리 감정이입을 해본들 결국 주관적 판단의 한계를 넘을 수 없습니다. 목장에서 느긋하게 풀을 뜯고 있는 소를 보고 "아, 소는 먹고살 걱정이 없어서 행복하겠네…"라고 생각하는 것이나 마찬가집니다. 소의 입장에서는 '**음메** 됐거든?'이라고 말할지도 모릅니다.

따라서 행복이란 무척이나 **애매모호**한 것입니다. 완벽히 주관적인 것이기 때문에, 행복의 가치 역시 주관적이라는 말이 됩니다.


## '쾌락 원칙'의 부활을


행복이 이처럼 **애매**한 것이기 때문에, 오히려 불행이라는 것의 실체를 파악하는 편히 훨씬 이해하기 쉬울 지경입니다. 앞서 언급했던 것처럼 좁은 의미에서의 행복이란 고통을 회피하는 것이라고 말할 수 있는 정도에 그칩니다.

고통과 불행은 원시시대부터 인간의 생활을 항상 위협해왔습니다. 스스로의 육체에서 생겨난 고통(병이나 죽음 등)이 있는가 하면, 외부에서 들이닥친 고통(자연의 폭력, 재해 등)도 있습니다. 나아가 다른 인간과의 관계에서 생겨나는 고통(사회적 고통, 형제간의 다툼이나 부부의 질투 등)도 있습니다. 인간은 불행에 에워싸여 있기 때문에 몸을 사리면서 점점 위축되었고, 그러다 보니 어떻게든 불행만은 면하고 싶다는 생각에 쾌락에 대한 욕구를 포기하고 소극적인 만족을 추구하게 된 것일지도 모릅니다.

예를 들어 원시시대에 무턱대고 일단 여자를 능욕하고 보는 쾌락을 단념하고 일부일처제나 근친상간의 터부를 만들거나, 아버지의 상속권을 독점하려는 욕망을 버리고 형제간의 계약(법률의 기원)을 만들거나 했다는 설은 이런 사실을 암시하고 있습니다. 문명과 함께 쾌락이 줄어들었다는 말인데, 평화로운 사회생활을 유지하기 위해 어쩔 수 없는 일이었습니다.

이처럼 혹독한 현실에 적응하기 위해 사회적 배려에 바탕을 둔 상태에서 쾌락을 추구하는 본능적 욕구를 컨트롤하는 마음의 움직임, 이것을 프로이트 정신분석학에서는 '현실 원칙'이라고 부릅니다. 인간은 '현실 원칙'을 따름으로써 '포기'를 알고 이성을 발달시켜 법률, 도덕, 질서 등 기타 온갖 정신문화를 구축해왔다고 할 수 있습니다. 모든 인간은 무의식의 세계에서 '쾌락 원칙'에 지배당하고 있지만 일상생활을 하는 의식의 세계에서는 '현실 원칙'에 구속당하고 있습니다. 그렇지 않으면 사회적 인간으로 살아갈 수 없기 때문입니다. 무제한으로 쾌락을 추구하려고 하면 사회와 충돌할 뿐만 아니라 자칫 자신의 육체마저 파멸시켜버릴 수 있습니다.

원숭이에게 마스터베이션(자위행위)을 가르치면 끊임없이 그 쾌락에 빠져 결국 죽어버릴 것이라는 저속한 우스갯소리가 있습니다. '현실 원칙'에 지배당하고 있는 인간은 결코 그런 어리석은 짓은 하지 않을 것입니다.

다소 좀스러운 처세법이긴 하지만, 인간은 내일을 위해 기쁨을 남겨두는 법을 알고 있습니다. 기대 속에서 살아간다는, 살짝 고급스럽고 복잡한 즐거움도 알고 있습니다. 바지런히 저축을 하면서 집을 짓거나, 오후 3시까지 간식 시간을 기다리거나, 결혼 초야까지 처녀성을 소중히 지키거나, 출세를 위해 온갖 허드렛일을 마다하지 않습니다. 이런 모든 노력은 **당장의 만족**이 아니라 **훗날로 미루어 둔 만족**을 추구하는 마음의 결과입니다. 몸을 사리다 보니 나온 '현실 원칙'의 결과입니다.

죽으면 천국에 갈 수 있다고 믿으며 현세의 쾌락을 단념하는 신앙인이 있다면, 분명 이렇게 훗날로 미루어둔 만족을 추구하고 있을 것입니다. 쾌락의 만족을 미루다니 참으로 가엾고 한심한 일임에 틀림없지만, 온갖 악조건에 시달리며 살다 보니 어느새 이런 처세술을 익히게 된 것으로 여겨집니다.

물론 인간의 내면 깊숙이, 무의식 깊숙이에는 항상 '쾌락 원칙'이 잠재해 있습니다. 문명이나 사회나 도덕이 아무리 이것을 짓눌러도 완전히 궤멸시킬 수는 없습니다. 회사나 직무 규율을 성실히 따르고, 일부일처제의 성도덕을 철저히 지키며, 한 가정의 선량한 아버지로 살고 있는 소심하고 겁 많은 사람의 마음에조차 그것은 존재합니다.

억압된 '쾌락 원칙'은 때때로 작은 비명을 지르며 의식의 표면으로 뛰쳐나옵니다. 반사회적인 욕망이 눈을 뜹니다. 그렇지 않다면 스트리퍼나 에로 영화에 사람들이 반색할 리 없고 직권남용이나 공금 횡령, 강도나 살인 따위가 일어날 일도 없겠지요.

프로이트에 의하면 공상 세계는 마음속에 마지막으로 남겨진 '쾌락 원칙'이 전면적으로 지배하는 세계입니다. 예술가의 공상은 일반 사회에서는 금지된 쾌락이나 욕망이 아름다운 꽃을 피우게 해줍니다. 현실 세계에서 그대로 실현된다면 자칫 광인, 변태, 범죄자로 여겨질 만한 일도 예술가가 예술 작품 속에서 아름답게 구현하면 사람들의 찬탄을 받으며 허용되게 됩니다. 이유는 당연합니다. 모든 사람이 내면 깊숙이에서 '현실 원칙'이 지배하는 사회를 거추장스럽게 여기고, 반대로 '쾌락 원칙'의 자유로운 해방을 꿈꾸기 때문입니다.

지금까지 언급해왔던 바를 요약해보면 다음과 같은 이야기를 할 수 있습니다.


인간의 문명은 결코 행복의 증가를 약속해주지 않는다. 오히려 인간의 자유를 구속하고 '현실 원칙'을 발달시켜 생생한 쾌락을 손에 넣으려는 인간 본연의 욕구를 꺾어버린다.

행복은 어디까지나 '현실 원칙'에 구속된 욕망의 만족을 의미하기 때문에 지속적이긴 해도 격렬할 수는 없다. 심지어 개인의 편협한 주관이나 신앙이라는 색안경에 의해 판단되는 경우가 많다. 그리고 대부분의 경우, 당장의 만족을 피하고 훗날로 미루어둔 만족을 추구하는 소극적인 경향을 보인다.

행복은 이 세상에 존재하지 않는다

메이지 시대에 우에다 빈(上田敏)이라는 유명한 문학자가 번역한 시 중 다음과 같은 것이 있습니다. 독일 시인 칼 부세(Karl Busse)의 작품입니다.

산 너머 저 멀리 먼 하늘에
'행복'이 산다고 사람들은 말하네.
아, 나는 님 따라 찾아갔다가
눈물만 머금고 돌아왔다네.
산 너머 저 멀리 더욱더 멀리
'행복'이 있다고 사람들은 말하네.

다소 감상적이고 소녀 취향의 작품이라 발표 당시에 여학생들에게 제법 호평을 받았을 것 같습니다. 실제로 여학생들에게 인기 있는 소설가 이시자카 요지로(石坂洋次郞)가 『젊은 사람(若い人)』이라는 소설 속에서 이 시를 인용했고, 소설은 그 후에 영화로도 만들어졌기 때문에 일약 유명해졌던 모양입니다.

하지만 나는 이 시가 너무 싫습니다. 아무리 생각해도 칼 부세라는 사람은 변변치 않은 삼류 시인이네요.

이 시의 의미는 대략 이런 것일까요? ― 사람들의 이야기를 들어보면 행복이란 산 너머 저 멀리, 머나먼 하늘 저편에 있는 모양이다.

아무도 이것을 본 적이 없다. 우리가 아무리 행복을 동경하며 그것을 찾으러 가도 손에 넣을 수 없다. 결국 환멸을 느끼며 처량하게 고향으로 돌아오게 될 뿐이다. 그러니 모름지기 자기 분수를 알고 현재의 처지에 만족해야 한다. 손이 닿지 않는 행복 따위를 동경해봐야 다 쓸데없는 짓이다. 어차피 행복이란 그저 멀리서 바라보고 있으면 되는 것이다. ― 대략 이런 의미일 거라고 생각합니다.

말하자면 이렇습니다. 저 멀리 도호쿠 지방 어디쯤에 있는 산속 오지마을에서 도쿄라는 도시의 화려한 불빛을 동경하며 문득 기차에 몸을 던져 도쿄까지 온 가출 소년이 있다고 칩시다. 우에노(上野) 역에 가까스로 도착해 어찌할 바 모르다가 경찰의 보호를 받게 된 후 울먹이며 다시 산속 마을로 되돌아갈 수밖에 없습니다. 이 시는 다소 생각이 부족한 그런 가출 소년의 비애를 노래한 시 같지 않습니까?

이토록 한심하고 공허한 시도 없을 것입니다. 언뜻 봤을 때 그럴싸한 표현들을 늘어놓고 있지만 내용 자체는 유치한 유행가만큼이나 저급합니다.

그러나 정신력이나 의지가 박약한 사람의 머릿속에 있는 '행복'이란 대부분 이런 부류일 수 있다는 생각도 듭니다. "산 너머 저 멀리 먼 하늘에" 있는 것만 같아서 멀리서 동경하며 하염없이 바라봅니다. 애처롭지만 딱한 일입니다. 가출 소년이 도쿄의 화려함을 그저 막연히 동경하는 한, 그는 결코 자신의 손으로 행복을 움켜쥘 수 없을 것입니다.

행복은 과연 '산 너머 저 멀리'에 존재할까요? 존재하는 것처럼 보이는 것은 그저 환영에 불과하지 않을까요? 우선 그것이 문제입니다.

"행복해질 필요가 없다며 스스로를 설득하는 데 성공했던 그날부터 내 마음속에 행복이 깃들기 시작했다"(『새로운 양식[Les nouvelles nourritures]』)라고 말한 사람은 소설가 앙드레 지드입니다.

그렇습니다. 맞는 말입니다. 어딘가에 있을 것 같은 '행복'을 동경하며 한숨을 지어봐야 아무 소용도 없습니다. 머뭇거리는 감정은 깨끗하게 날려버리는 편이 낫습니다. 색안경을 바꿔 써야 합니다. 순식간에 세상이 밝아질 것입니다. 갓난아이가 웃을 때, 행복해서 웃는 것이 아니라 웃으니까 행복하다는 사실을 음미해볼 필요가 있습니다.

실제로 웃어보지 않으면 웃음이 즐겁다는 사실을 깨닫지 못합니다. 황당한 억지 같지만 사실입니다. 노래를 부르지 않고 음악이나 리듬의 즐거움을 어찌 이해할 수 있겠습니까? 무리한 이야기지 않습니까? 일단 목소리를 내고 노래를 불러봐야 합니다. 조용히 '산 너머 저 멀리'를 바라보고 있으면 '행복'이 저쪽에서 찾아올까요? 터무니없는 이야기입니다.

행복 따위는 머릿속에서 떨쳐내고 일단 실제로 행동해볼 것. 그렇게 하면 즐거움은 자연스럽게 따라옵니다. 그리스의 철학자 아리스토텔레스도 "행복이란 실천이다"(『정치학』)라고 명쾌하게 단언하고 있습니다.

'산 너머 저 멀리'에 있다는 행복은 쫓아가면 쫓아갈수록 우리에게서 점점 멀어집니다. 사막의 신기루처럼 실체가 없는 존재입니다. 설령 행복이 저편에서 우리에게 찾아와도, 남이 가져다주는 행복이란 애당초 변변치 않습니다. 뽀얗게 먼지가 내려앉은 메마른 행복입니다. 자신이 직접 만들어낸 쾌락, 실천 안에서 쟁취한 쾌락에 오히려 진정한 매력이 있는 게 아닐까요.

물속에서 맨손으로 잡아 올린 물고기처럼 펄떡거리는 쾌락!

"행복은 아니다. 단연코 행복은 아니다. 쾌락이다"라고 선언한 사람은 19세기 말의 탐미주의자이자 『살로메』와 『옥중기』의 작가, 바로 그 오스카 와일드(Oscar Fingal O'Flahertie Wills Wilde)입니다.

와일드는 "나는 대작가는 아니다. 그러나 대생활자(大生活者)다"라고 호언장담했습니다. 행복처럼 좀스러운 것을 전적으로 경멸하며 항상 새로운 쾌락을 추구하겠노라는 결기야말로 진정한 생활이라고 이해했던 것입니다.

행복보다 쾌락을! 이것이야말로 사내답고 근사하고 댄디한 생활신조라고 말해야 마땅합니다. 질척거리는 센티멘털리즘 따위가 결단코 끼어들 수 없도록, 푸른 하늘처럼 명쾌한 생활신조를 가지고 싶어집니다.

# 제 2 장

## 쾌락을 거부하는 좀스러운 사상

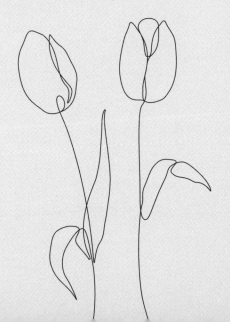

## 제2장 쾌락을 거부하는 좀스러운 사상

　행복이라는 애매한 관념을 머릿속에서 떨쳐내셨다면 이젠 제법 산뜻한 느낌이실 것입니다. 그러나 쾌락론을 시작하기 전에 뭉개버려야만 할 관념은 아직도 많이 남아 있습니다.

　이번엔 케케묵은 형식적 도덕이나 고상을 떠는 이상론, 어리석은 선입견 등을 하나씩 산산조각 내버리고 싶습니다. 우리 머릿속에 곰팡이처럼 퍼져 있는 환상을 아주 말끔히 제거해버릴 필요가 있습니다. 이런 것을 우상 파괴라고 부릅니다.

　도덕론을 시도할 때는 먼저 우상을 철저히 파괴해 우리를 적나라한 현실에 직면시켜야 합니다. 이런 백지 상태에서 여기저기 더듬으면서 걷기 시작하는 것이 바람직합니다. 세간의 사람들이 무턱대고 믿는 것도 일단 의심해볼 필요가 있습니다. 선입견은 아무리 경계해도 지나치지 않습니다.


박애주의는 거짓 사상이다

　현대의 교육자나 문화인이라고 일컬어지는 선생님들은 하나같이 다음과 같이 가르치고 있습니다.

"자기 자신만의 쾌락을 추구하는 것은 결코 훌륭한 일이 아니다. 진정한 행복은 개방적이고 밝다. 따라서 행복은 다수의 인간과 서로 나눌 수 있다면 그만큼 거대해진다. 쾌락은 순간적이며 비밀로 이어지기 쉽고 어둡고 배타적이다. 따라서 지속적이고 건전한 행복과 비교해보면 상대적으로 가치가 적은 존재다."

참으로 이상한 이야기입니다. 그리스 철학자들은 타인의 행복이 아니라 자기 자신의 행복을 추구했습니다. 만인의 행복이라든가 이웃의 행복이라는 사고방식은 실로 공허한 사고방식입니다. 많은 사람들의 행복이 개개인의 행복의 원인이 된다는 이야기는 도저히 납득이 가지 않습니다.

예를 들어 10개의 사과를 10명이 나누어 쾌락을 얻었다고 칩시다. 그러나 만약 이것을 100명이 나누었을 경우, 사과의 맛은 그대로일지 몰라도 쾌락은 더 이상 존재하지 않습니다. 눈곱만 한 크기로 잘린 사과를 어떻게 먹겠습니까. 억지로 먹었다 한들 누가 맛있다고 생각하겠습니까. 이처럼 쾌락을 맛보는 사람들의 숫자가 커지면 쾌락은 점점 작아지다가 결국 아예 없는 것이 되어버립니다. 이것이 현실입니다.

아울러 타인의 쾌락이 그대로 자신의 행복이 된다는 이야기도 좀처럼 찬성하기 어려운 의견입니다. 만약 그런 사람이 있다면 이기주의와 뭐가 다를까요? 아니면 타인의 쾌락은 인정하지만 자신의 쾌락은 인정할 수 없다는 말일까요? 만약 그렇다면 자신이 술을 마시는 것은 안 되지만 타인이 마시거나 타인에게 마시게 하는 것은 괜찮다는 결론이 됩니다. 묘한 이야기라고 할 수 있지요. 이것은 이기주의의 반대로 이타주의라고 말해야 마땅합니다.

"너의 이웃을 사랑하라"라는 말이 있는데, 도대체 누가 이런 공허한 이상을 실현할 수 있을까요? 만약 당신이 어떤 미인을 유혹하는 데 성공해 마침내 당신의 연인으로 삼았다고 칩시다.

이 경우 당신은 당신처럼 그 여인에게 마음을 품고 있는 당신 이외의 몇몇 남성들에게 치명적인 타격을 준 게 됩니다. 만약 당신이 결단코 당신의 이웃을 사랑해야 한다면, 당신은 당신이 사랑한 그 여인을 포기하고 다른 남성에게 양보해야 합니다(아니면 그 여인을 사랑한 남성이 5명이면 5명의 남성이 그 여성을 공유해야 합니다).

당신은 사랑이란 것을 할 수 없게 됩니다. 왜냐하면 당신이 한 여성을 독점하면 반드시 다른 남성에게 손해를 끼치게 되기 때문입니다. 당신은 특정한 여성을 사랑하는 것을 포기하고 당신의 애정을 하이볼처럼 **희석시켜** 만인에게 공평히 쏟아부어야 합니다. "너의 이웃을 사랑하라"라는 말은 참으로 따분한 이야기일 것입니다.

이런 경우도 있을 것입니다. 예를 들어 가을의 태풍 시즌에 계속해서 진로를 바꾸는 태풍이 마침내 서일본에 상륙했다고 가정합시다. 그러면 동일본에 살고 있는 사람들은 "천만다행이야. 우린 살았어"라고 안도하며 가슴을 쓸어내릴 것입니다. 생각해보면 자신들은 재난을 피했을지 모르지만, 서일본 사람들은 엄청난 재난을 당하고 있습니다. 하지만 그런 것들에 대해서는 그다지 생각하지 않습니다. 때마침 규슈(서일본에 속함-역주)에 친척이라도 있을라치면 친척의

안부를 근심하는 정도일 것입니다. 인간이란 결국 그런 존재입니다.

인간의 무관심, 냉담함에 분노하며 "똑같은 일본인이잖아!"라고 부르짖는 사람이 있습니다. 그런 사람에게 "그럼 일본인이 아니면 되나요? 중국에서 원폭 실험을 해서 몽골이나 티베트 사람들의 머리 위에 죽음의 재가 날아와도, 피해를 보는 것이 일본인만 아니면 괜찮다는 소리냐고요?"라고 반문해주면 됩니다. 그러면 이번엔 "똑같은 인간이잖아!"라고 말하는 사람이 있을지도 모릅니다.

그런데 이렇게 되면 태풍이나 원폭 실험의 문제로 끝나지 않습니다. 미국의 흑인 차별 문제든 베트남 내전이든 혁명이든, 아니면 좀 더 자잘한 문제(예컨대, 일가족 동반자살이나 실연 자살이나 자동차 사고나 산이나 바다에서의 조난)에 대해서든, 우리는 인간으로서 이런 온갖 불행들에 대해 결코 무관심할 수 없습니다. 그것이 허용되지 않지요.

매일같이 쏟아지는 신문 기사는 비참한 일투성이입니다. "너의 이웃을 사랑하라"라는 명령에 충실히 따르며 신문 기사를 구석구석 읽다가는, 우리는 슬픔과 격분과 절망 끝에 머릿속이 혼란스러워져 미쳐버릴 것입니다. 그러나 신문 사회면 기사를 꼼꼼히 읽고 낯선 타인의 불행을 슬퍼한 나머지 미치광이가 되어버린 사람이 과연 있을까요. 유감스럽게도 우리는 그런 사람을 알지 못합니다. 즉, "똑같은 인간이잖아!"라는 것은 그저 허울 좋은 구호에 불과합니다. "너의 이웃을 사랑하라" 같은 추상적 명령이 현실 속에서는 전혀 지켜지지 않는다는 확실한 증거가 바로 여기에 있습니다. 애당초 이런 금언은 실행이 불가능한 공허한 이상이라는 사실을 이해하실 것입니다.

행여 오해가 있으실까 싶어서 미리 양해를 구합니다. 나는 인간 사회의 실제 모습을 있는 그대로 언급했을 뿐 선악의 문제를 논하고 있지는 않습니다. 당신이 적나라한 현실의 모습을 보고 실제로 어떤 행동을 할지는 전혀 다른 이야기입니다.


## 건전한 정신이야말로 불건전하다

동화작가로 유명한 미야자와 겐지(宮沢賢治)의 시에 '비에도 지지 않고(雨ニモマケズ)'라는 해괴한 시가 있습니다.

비에도 지지 않고
바람에도 지지 않고
눈보라에도, 여름의 더위에도 지지 않는
튼튼한 몸으로
욕심 없는 마음으로
결코 화내지 않고
언제나 조용히 미소 지으며
하루에 현미 네 홉과
된장과 약간의 채소를 먹으며

… (중략)
모두에게 바보라고 불리는
칭찬도 받지 않고
근심도 주지 않는
그런 사람이 나는 되고 싶네

비참하기 그지없는 시입니다. 미야자와 겐지의 동화는 너무 좋은데, 이렇게 묘한 인생철학을 떠올리게 하고 자학적인 시는 도무지 공감이 가지 않습니다.

눈앞에 소고기가 있는데 "된장과 약간의 채소"로 만족해야 합니까? 굳이 일부러 "모두에게 바보라고" 불릴 필요도 없습니다. 정당한 이유가 있으면 분노를 폭발시켜도 됩니다. "튼튼한 몸"을 지니고 있다면 온갖 욕망도 끓어오르겠지요. 어째서 그것을 만족시키면 안 되나요? 특히 "언제나 조용히 미소 지으며" 있으면 주위 사람들이 으스스해서 견딜 수 있겠습니까. 그런 사람이 나는 결코 되고 싶지 않습니다!

우울한 시 이야기는 여기까지만 하고, 이전 이야기로 돌아가겠습니다. "쾌락은 비밀로 이어지기 쉬워서 배타적이고 불건전하다"라는 의견이 있습니다. 이것에 대해 검토해봅시다.

도대체 왜 쾌락이 비밀스러우면 안 될까요? 예컨대 견실하신 샐러리맨 나으리가 몰래 집에서 춘화 수집을 한다고 칩시다. 친구가 집에 왔다가, "그렇군! 자네에겐 이런 취미가 있었는가? 사람은 겉

모습만 보곤 알 수 없군!"이라고 말하며 감탄합니다. 샐러리맨은 얼굴을 붉히며 횡설수설하면서, "아니, 그러니까, 우리 아버지가 좋아해서 모아놓은 거야"라느니 하면서 계속해서 변명을 늘어놓습니다. 누군가가 자신의 비밀을 파헤쳐버린 느낌이 들어 부끄러워진 것입니다.

하지만 사랑스러운 샐러리맨 나으리의 비밀에는 도덕적으로나 사회적으로, 조금도 부적절한 구석이 없습니다. 완전히 '인간에게도 축생에게도 무해(?)'합니다. 그 누구에게도 피해를 끼치지 않습니다. 이 사안에 대해 불건전하다느니 어쩌느니 하면서 타박할 자격을 갖춘 사람이 과연 있을까요.

개인적인 쾌락은 모조리 경멸의 대상이며 불건전한 것이라는 선입견을 가진 채로 덤비는 사람들이 있습니다. "어제는 영화, 오늘은 볼링"이라고 말하면 마뜩잖은 표정을 짓고, "어제 할머니 장례식에 다녀왔습니다"라고 말하면 흡족한 얼굴을 합니다.

메이지 시대의 종교가로 우치무라 간조(内村鑑三)라는 저명한 사람이 있습니다. 이 사람은 샤미센(三味線, 세 줄이 다른 음색을 지녀 다채로운 소리를 내는 일본의 전통 현악기-역주) 소리만 듣고도 악마의 목소리를 느꼈다는 사람입니다. 영화를 보면 안 되고, ○○를 하면 안 되고, 괴테는 부도덕한 소설가라더군요. 과거엔 이런 극단적인 '도덕가'도 있었습니다.

그러나 이런 사람들의 사고방식이야말로 불건전합니다. 어째서 이런 사고방식이 만연해진 걸까요. 여기에는 이유가 있습니다.

오랜 세월 동안 일본인, 특히 인텔리는 에도 시대부터 이어져온 유교 도덕의 영향 아래 있었습니다. 메이지 시대가 시작되면서 서양 학문이 들어오자 우치무라 간조 같은 사람은 기독교로 달려들었지요. 나아가 메이지 시대의 관학에서 독일 관념론 철학을 수입했기 때문에, 메이지에서 다이쇼 시대에 걸친 인텔리들은 철학이라면 칸트, 모럴이라면 인격주의라고 철석같이 믿어버렸습니다. '시라카바파(白樺派)'나 '다이쇼 휴머니즘' 같은 것도 이런 구도(求道)적인 사상의 영향을 받았습니다.

　과거 고등학교(구제[舊制] 고등학교) 학생들도 이런 풍조에 뼛속까지 병들어 항상 심각한 얼굴로 "인생을 어찌 살아가야 하는가" 따위의 커다란 문제에 골몰하고 있었습니다. 그 때문에 게곤(華厳)폭포에 뛰어들어 자살해버린 가엾은 고등학생(후지무라 미사오[藤村操]의 투신자살 사건을 가리킴-역주)도 있었습니다. 전쟁이 시작되기 전까지는 구라타 햐쿠조(倉田百三)라든가 니시다 기타로(西田幾多郎), 아베 지로(阿部次郎) 등의 책이 그들의 바이블이었습니다. 이해가 가든 안 가든 일단 교양으로 읽어야 했습니다. 말하자면 정신적인 마스터베이션의 일종입니다.

　그보다 앞서 다이쇼 시대부터 마르크스주의가 일본의 사상계를 풍미했습니다. 고리타분한 유교적 도덕주의, 칸트적 인격주의는 마르크스주의의 실천운동 속에도 뿌리 깊게 남아 현재에 이르고 있습니다. 참으로 개탄스러운 상태입니다.

　칸트의 인격주의란 간단히 말하자면 도덕의 기준을 인간의 내적 목적(이성의 명령)에 둔 것입니다. 외부로부터 강요된 법칙, 예컨대 자연의 법칙(인간의 감정이라든가 본능 따위를 포함)을 따르는 도덕은 타율적 도덕이기 때문에 안 된다고 합니다. 칸트에 따르면 도덕은 자율적인 것이어야 하며, '강요된 의무'가 아니라 '의무를 위한 의무'여야 합니다. 이성의 명령에 따라 싫어도 참고 행하는 의무가 이상적이라는 소리지요. 이런 이유로 칸트의 리고리즘(Rigorismus, 엄격주의)이라고 일컬어집니다.

이런 철저한 엄격주의를 실러(Friedrich von Schiller)라는 시인이 비웃고 있습니다.


나는 친구를 만들고 싶지만,
유감스럽게도 **좋아서** 하는 것이다.
그래서 나는 종종 고뇌한다,
나는 훌륭한 인간이 아니라고 생각되기에.
어쩔 도리 없는 일, 자네는 애써 친구를 경멸하소서.
그리하여 의무가 명하는 것을
**내키지 않더라도** 행하는 게 좋을 것이다.


여기서는 그야말로 도덕이 억지로 애를 쓰는 모양새입니다. 엄격주의가 지나치면 이런 우스꽝스러운 형국이 됩니다.

타인을 위해 헌신한다는 것은 참으로 어려운 일입니다. 남이 불편해하는 선의는 차라리 아니함만 못합니다. 어설픈 만담가가 진땀을 빼면서 관객을 웃기려고 애쓰는 것이나 마찬가지입니다. 겸손의 미덕이란 남이 불편해하는 선의와 비슷합니다. 몸을 사리면서 타인에게 쾌락을 양보할 생각만 하는 사람은 결국 자신과 타인 모두를 엉망으로 만들어버립니다.

철학은 관념론, 모럴은 도덕주의라고 무조건 정해져 있는 건 아닙니다. 그러고 보니 전후에는 실존주의 등 다양한 철학도 등장했는데, 내가 보는 한 모럴은 여전히 인격주의라는 늪에 한쪽 발을 깊이 담가둔 상태입니다.

어쨌든 인간에게는 다양한 삶의 방식이 존재한다는 사실을 알아두어도 손해 볼 일은 없을 것입니다. 쾌락주의가 있는가 하면 공리주의도 있고 자연주의도 있게 마련입니다.

쾌락은 개인적이든 배타적이든, 경우에 따라서는 설령 비밀스러운 것이라 해도 전혀 무방하지 않을까요? 나는 그렇게 생각합니다. 왜냐하면 지금까지 검토해온 것처럼 만인을 위해서라든가, 타인을 위해서라든가, 인류를 위해서라는 의견은 모두 공허하다는 사실이 증명되었기 때문입니다.


## "너 자신을 알라"란 말은 어리석음의 극치

겸손의 미덕에 대해 옛날부터 자주 회자되던 말로 "너 자신을 알라"가 있습니다.

그리스의 성인으로 일컬어지는 소크라테스가 모든 철학적 사고의 출발점으로 삼았던 것이 이 짧은 말이었습니다. 대머리에 주변을 힐끔거리는 눈초리, 불룩 튀어나온 올챙이배, 능구렁이처럼 노회했던 소크라테스는 애써 자신의 무지함을 떠들어대며 "내가 다른 사람들보다 현명한 부분은 무지를 자각하고 있는 점뿐이다"라고 했습니다. 그러나 나는 소크라테스의 이런 사고방식, 마치 자기 혼자만 깨달음에 도달했다는 이런 식의 발언에 절대로 찬성할 수 없습니다.

우선 스스로가 바보이며 무지하다고 세간을 향해 선전하는 것은 몸을 사리면서 주위를 살피는, 약간 교활한 태도라고 말하지 않을 수 없습니다. 또한 자신에 대해 알려는 노력에서도 어딘가 좀스러움을 느끼게 합니다. 마치 자기 호주머니 안에 얼마나 들어 있는지, 그 계산에만 정신이 팔린 상태 같습니다.

본인의 능력이나 한계를 알아버린 사람에게 도대체 어떤 모험이 가능할까요? 일부러 자신의 본질을 제한하고, 능력의 한계를 설정해버릴 필요가 어디에 있을까요? 설령 자신의 지갑 안이 허전하다는 사실을 알고 있더라도, 태연한 얼굴을 하고 끊임없이 큰 도박을 벌이는 것이 이른바 포커페이스의 진수가 아닐까요?

나중에 생각해보면 자신에게 용케도 그런 대담한 구석이 있었다고 스스로 감탄해버리곤 하지요. 이런 모험을 감히 저지를 수 있었던 것도 자기가 자기 한계를 몰랐기 때문에 비로소 가능했던 일입니다. 아니, 이런 모험을 통해 자신의 한계를 넘어 그 능력을 더더욱 펼쳐가는 것이 쾌락주의적 인간이라는 존재일 것입니다.

앙드레 지드가 멋진 말을 남겼습니다. "너 자신을 알라. 이 금언은 유해할 뿐만 아니라 추악하기까지 하다. 자기 자신을 잘 알려고 고심하는 애벌레는 아무리 시간이 흘러도 나비가 될 수 없다."

정말 맞는 말입니다. 자기 자신에 대해 아는 일에 얽매인 나머지 지나치게 겸손해져서 아무리 시간이 흘러도 번데기 안에서 성충으로 자라지 못하는 사람이 있습니다. 아니, 번데기인 상태로 만족해하는 사람이 대부분이지 않을까요? 도약하거나 발전하기 위해서는 항상 자신의 한계를 철저히 부숴버리고 자신의 가능성에 도전해볼 필요가 있습니다.

자기 자신에 대해 알려고 노력하는 것만큼 어리석은 일도 없습니다. 자신의 본질이 더더욱 왜소하게 제한되고 스스로 빈약해질 뿐입니다. 자신을 안다는 것은 마치 자기 주위에 분필로 동그라미를 그려놓고, 그 동그라미 안에서만 웅크리고 있는 것이나 마찬가지입니다.

일단 한번 자신의 영역을 알게 되면 두려운 마음에 좀처럼 동그라미 바깥으로 뛰쳐나갈 수 없게 됩니다. 어차피 자기 능력 안에서, 자신에게 어울리는 일밖에 할 수 없다는 생각에 시종일관 체념 어린 심정으로 임하게 됩니다. 그러면서 점점 자잘한 일만 하게 되고, 결국 그런 일만 할 수 있게 됩니다. 이것이 바로 번데기 철학의 첫걸음입니다.

이래서야 되겠습니까? "너 자신을 알라"라는 금언은 인간을 위축시키고 기껏해야 어중간한 자기만족을 줄 뿐입니다. 미래로 발전해

갈 모멘트(계기)가 없습니다. 미지의 가능성이나 새로운 쾌락의 바다로 기꺼이 뛰어들어버리겠노라는 마음을 꺾어버립니다.

그뿐만 아니라 이런 번데기 철학은 무지나 겸손을 **뽐낸다**는 묘한 천박함과도 비슷한 구석이 있습니다. 오만함을 뒤집어놓은 것이나 마찬가지입니다. 소크라테스라는 작자는 도저히 어찌해볼 도리가 없는 능구렁이였을 것입니다.

스스로가 그 누구에도 밀리지 않는 변론술의 대가라는 사실을 알면서도, "나는 아무것도 몰라. 자네들과 마찬가지야"라며 번데기 철학을 대대적으로 선전합니다. 그러고는 상대방을 치켜세우거나 방심하게 만들어서 자신 주변에 많은 젊은 제자들을 불러들였습니다. 주변에 미소년들을 모아놓고 마음껏 게으름을 피우며 한가하게 살았던 모양입니다. 이 얼마나 교활하고 빈틈없는 사내란 말입니까.

요컨대 소크라테스라는 능구렁이 영감은 스스로 확신도 없으면서 쾌락주의와 정반대의 가르침을 태연스럽게 타인에게 감당시키고, 정작 본인은 은밀히 **자신의 쾌락주의**, 개인적인 쾌락주의를 실천하고 있었던 것입니다. 이 대머리 성인은 실은 미소년을 무척 좋아했습니다. 내막을 밝혀보자면 그뿐입니다.


동물적으로 살아가는 것


소크라테스의 제자가 플라톤이고, 플라톤의 제자가 아리스토텔

레스입니다. 그리고 아리스토텔레스보다 조금 늦게 그리스 세계에 나타난 것이 스토아학파와 에피쿠로스학파 무리였습니다. 일반적으로 스토아학파의 도덕을 극기주의 혹은 금욕주의라고 부르고, 에피쿠로스학파의 도덕을 쾌락주의라고 부릅니다.

이번엔 금욕주의와 쾌락주의의 관계에 대해 설명해보겠습니다. 언뜻 보기에 이 두 가지는 정반대처럼 보이지만, 비슷한 점도 아주 많기 때문에 그런 측면에서는 이해하기 어렵습니다.

이런 이야기가 있습니다. 어느 날 에피쿠로스학파 무리와 스토아학파 무리가 아테네 광장에 모여 갑론을박 토론을 벌이고 있었습니다. 에피쿠로스의 제자들은 "인생의 목적은 쾌락이다"라고 주장했습니다. 한편 스토아학파 무리는 "쾌락을 멀리하고 숙명을 받아들이자"라고 주장했지요. 이렇게 서로 판이하게 다른 주장을 펼치다 보니 싸움이 날 지경이었는데, 아무리 옥신각신해도 결판이 나지 않았습니다. 그러자 그곳에 에피쿠로스학파의 우두머리인 에피쿠로스와 스토아학파의 우두머리인 제논(Zenon)이 유유히 나타났습니다. 드디어 대장끼리 한판 붙게 된 것이지요.

제자들은 얼마나 격한 토론이 펼쳐질지 마른 침을 삼키며 지켜보았습니다. 그런데 두 사람은 몇 마디 서로 의견을 교환하고 한동안 철학적 대화를 이어가는가 싶더니, 순식간에 의기투합해 환하게 웃으면서 서로 상대방의 어깨를 두드려줄 정도로 편한 사이가 되어버렸습니다. 제자들은 어이가 없었습니다. 도대체 이게 어떻게 된 상황일까요?

실은 대장끼리의 이런 의견의 일치는 전혀 신기할 것이 없는 일이었습니다. 언뜻 보기에 정반대처럼 여겨지는 금욕주의와 쾌락주의는, 그 깊숙이에서 서로 상통하는 부분이 있었기 때문입니다.

그렇다면 서로 상통하는 부분이란 어떤 것일까요? 한마디로 말하자면 에피쿠로스철학, 스토아 철학 모두 **자연과 일치된 삶**을 모토로 삼고 있었습니다. 자연과 조화를 이루면서 살아가고 그 어떤 것에도 휘둘리지 않는 **평정한 마음** 상태, 즉 아타락시아(Ataraxia)에 도달하고자 했습니다.

두 철학은 근본적으로 공통의 목적을 가지고 있었습니다. 죽음이나 시간의 위협에서 인간을 해방시키는 것이 목적이었습니다. 스승의 철학이 가진 피상적인 부분만 어설프게 알고 있던 피라미들과 양 학파의 거두인 에피쿠로스와 제논은 달랐습니다. 당연히 서로의 의견을 교환하자마자 대대적으로 의기투합하게 되었습니다.

물론 같은 목적을 추구한다고는 해도 에피쿠로스파와 스토아파 간에는 목적 실현을 위한 절차에 커다란 차이점이 있습니다. 그 차이에 대해 설명해보겠습니다.

간단히 말하자면 스토아철학에서 '자연과 일치한다'라는 것은 외계(바깥 세계)에 대한 일종의 '긴장'을 의미하고, 에피쿠로스철학에서는 일종의 '긴장 완화(릴랙스)'를 의미합니다.

예를 들어 길을 걷다가 폭풍우를 만났다고 가정합시다. 이 경우 스토아파 인간이라면 최대한 고통의 감정과 거리를 두며 "비와 바람은 나와는 무관하다. 나는 대지에 발을 내딛고 굳건히 서 있으니

비가 아무리 내려도, 바람이 몰아쳐도 괜찮다"라고 생각합니다. 요컨대 이것이 '긴장'입니다.

한편 에피쿠로스파 인간은 자신에게 덮쳐오는 외계의 공격에 의연히 참아내려는 생각 자체를 애당초 하지 않습니다. 그는 아마도 이렇게 생각하겠지요. "폭풍이 몰아치면 어때"라고. 그러고는 "아이고, 흠뻑 젖어버렸네. 하지만 뭐 어때. 내버려두면 금세 마르겠지"라고 생각합니다. 요컨대 '긴장 완화'입니다.

'긴장을 완화시킨다'라는 것은 **'동물적인 상태로 자신을 내버려둔다'**라는 것입니다. 더운 여름날 개는 혀를 늘어뜨린 채 축 처져 드러누워 있습니다. 눈이 내리는 추운 날에는 기뻐서 날뜁니다. 여름날 해가 내리쪼일 때 식물들이 잔뜩 시들어 있다가 그늘이 지면 다시 생기가 넘치는 것이나 마찬가지입니다.

요컨대 그때그때의 주변 상태에 따라 생존 방식을 다양하게 바꾸면서 좀 더 편한 자세를 고른다는 이야기입니다. 외부에서 무엇이 덮쳐오든 최선을 다해 대항하려는 쓸데없는 노력은 하지 않습니다. 힘을 완전히 빼고 바람에 흩날리는 버드나무 가지처럼, 외부의 자극에 마음껏 희롱당해줍니다. 그러면 반드시 안식을 얻기 마련입니다. 동물이나 식물은 이런 이치를 본능적으로 알고 있습니다.

힘을 뺀다는 것은 말 그대로 근육이나 신경의 긴장을 완화시키고 몸 전체를 내맡겨 무언가에 완전히 의지하는 방식입니다. 손과 발에서 힘을 빼고 입을 벌린 채 멍한 표정을 짓고 있으면 아무리 심한 불면증을 지닌 인간도 순식간에 잠이 든다고 합니다.

스토아파 인간처럼 항상 용맹스럽게 두 눈을 부릅뜨고 암반처럼 굳건히 버틴 채 스스로에게 용기를 북돋으며 만사를 참아내는 삶도, 물론 나름대로 훌륭한 삶일 것입니다. 그러나 에피쿠로스파의 긴장 완화 방법도 그에 결코 뒤지지 않는 훌륭한 생존 방식임을 이해할 필요가 있습니다. 동물적이라는 표현이 무조건 경멸스럽다는 의미는 결코 아닙니다.

비바람 같은 자연현상뿐만 아니라 분노라든가 슬픔, 질투 같은 인간적 감정에 대해서도 수련을 쌓았던 에피큐리언(Epicurean, 쾌락주의자)은 자유롭게 자신의 태도나 기분을 완화시킬 수 있습니다.

"지금 연인에게 배반당한 상황이야. 슬픔에 잠겨 있다 해도 이상한 일은 아니지. 비바람을 맞는 것처럼 자연스러운 일이니까"라고 생각한다면 실연 때문에 침울해하고 있는 스스로가 어리석게 느껴질 것입니다. 슬픔이나 질투 같은 감정에도 굳이 저항하려고 하지 말고, 힘을 빼고 자신의 기분을 마치 타인의 그것처럼 무관심하게 바라보면 됩니다. "질투의 고통 따위 그리 오래 이어지지 않을 거야. 비바람이나 마찬가지지. 내버려두면 어느새 가라앉을 거야"라고 생각하면 됩니다.

인간의 기분이란 떼를 쓰고 보채는 아이나 마찬가지입니다. 상대해주지 않으면 결국 포기하고 울기를 멈추기 마련입니다. 너무 어르고 달래주면 결국 기어올라 불이 난 것처럼 울부짖습니다. 내버려두면 됩니다.

"나는 다시 태어나 동물들과 함께 살고 싶어라. 그들은 이토록 온화하며 스스로 만족하고 있으니"라고 노래한 사람은 자연을 사랑했던 미국의 시인 월트 휘트먼(Walt Whitman)입니다. 인간에게 동물이란 부러워할 만한 존재처럼 보였던 모양입니다. 이것 또한 감정이입의 결과라고 말할 수 있을지도 모릅니다.

혹은 이런 반문도 가능할지 모릅니다. "긴장을 완화해 동물적으로 살아가는 것과 오로지 치열한 쾌락을 추구하는 것은 언뜻 보면 모순 같지 않나?"

일리가 있습니다. 언뜻 보기에 정반대의 삶처럼 보입니다. 조금 비유적으로 표현하자면 전자는 '쾌락 원칙'에 철저히 따라 흘러가는 대로 흘러가는 삶이며, 후자는 오히려 '쾌락 원칙'이 추구하는 바를 향해 앞만 보고 돌진하는 삶입니다. 요트와 모터보트의 차이나 마찬가지겠습니다.

그러나 결국 그 목적은 양쪽 모두 동일합니다. '**인간의 본능, 인간의 욕망에 충실하다**'라는 것일 겁니다.

좀스러운 형식적 도덕이나 공허한 이상론 따위에 휘둘리지 마시고, 물 흐르듯 자연스럽게 쾌락의 바다로 달려나가는 경쾌한 배의 자태를 상상해주세요. 고색창연한 도덕은 암초입니다. 이런 데 올라가면 큰일입니다. 욕망이라는 아름다운 등대의 불빛만을 목표로 해주시면 됩니다.

이 내용을 머릿속에 단단히 넣어두셨다면 그다음으로 나아가봅시다.

# 제 3 장

## 쾌락주의란 무엇인가

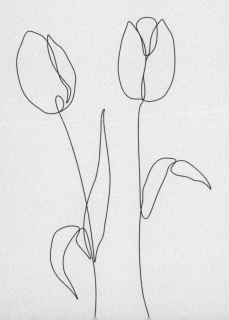

# 제3장 쾌락주의란 무엇인가

드디어 쾌락주의의 구체적인 문제에 대해 언급하겠습니다. 쾌락주의란 무엇인가. 쾌락을 낳기 위한 적극적인 방법이란 무엇인가. 나아가 역사적 고찰, 개인과 사회의 관계, 일본과 서양의 비교에 대해서도 최대한 언급해보고 싶습니다.

우선 개인의 생존에 대한 극한적인 입장, 죽음에 대한 공포의 극복에서부터 시작해보고 싶습니다. 이후 순서대로 한 걸음씩, 최종적으로는 정신적 쾌락이나 물질적 쾌락의 정점까지 올라가보고 싶습니다.

## 죽음에 대한 공포의 극복

인간에게는 자기보존 본능이 있습니다. 그 때문에 살아 있는 모든 인간에게 죽음은 가장 큰 공포입니다. 예로부터 죽음의 공포를 어떻게 극복해야 할지가 철학의 가장 중요한 문제였던 연유입니다. 소크라테스도 "철학을 한다는 것은 즉, 죽음을 배우는 것이다"라고 가르치고 있었습니다.

인간의 뇌가 생각해낸 '죽음을 극복하는 방법'에는 여러 가지가 있습니다. 예를 들자면 종교라는 것은 그런 욕구에서 생겨났습니다. 종교는 살아 있는 인간에게 내세의 존재를 가르쳐줌으로써 죽음의 시련을 준비시키고자 합니다. 내세란 물론 형이상학적인 개념으로, 그런 세계는 물질적으로는 어디에도 존재하지 않습니다. 그러나 고대 사람들은 세계를 신이 창조한 것이라고 생각했던 것처럼, 사후 세계를 상상하지 않고서는 도저히 차분하게 살아갈 수 없었습니다.

굳이 종교에 의지하지 않더라도 최근 의학에서는 죽음의 공포를 근절해주는 과학적인 수단이 생겨나고 있습니다. 예를 들어 로보토미(Lobotomy)라는 이름의 전두엽 절개술이 있습니다. 이 수술을 하면 장래를 생각하는 인간의 진취적인 의지가 상실되어 매일매일 그날그날만 생각하게 되고, 모든 불안감이나 근심이 사라져버린다고 합니다. 대신 혼자서 세상의 거친 풍파를 헤쳐나갈 수 없게 됩니다. 이러면 곤란하지요.

죽음이라는 것을 형이상학적인 사변(경험에 의하지 않고 순수한 사유만으로 인식에 도달하려는 것-역주)의 주제라기보다는 육체가 분리되는 단순한 **생리학적 사실**로 냉정하게 바라보았던 최초의 인간이 바로 쾌락주의자 에피쿠로스였습니다. 당시로서는 실로 혁명적인 사고방식이었습니다.

에피쿠로스는 다음과 같이 주장합니다. "죽음은 우리와 무관하다…. 왜냐하면 좋은 것이든 나쁜 것이든 모두 감각에 속하는데, 죽음은 감각의 결여를 의미하기 때문이다. 따라서 죽음이 우리에게 아무런 의미도 없다는 사실을 올바르게 인식하면, 그런 인식을 통해 언젠가는 죽음의 길에 접어들 이 삶을 오히려 즐거운 것으로 받아들일 수 있다. 왜냐하면 그런 인식이 이번 생에 한없는 시간을 더해주기 때문이 아니라, 불사(不死)에 대한 덧없는 희망 고문을 제거해주기 때문이다."

여기서 에피쿠로스는 종교적인 내세 관념을 완전히 부정하고, 인간이 추구해야 할 만족은 현세 안에서만 존재한다는 사실을 명확히 하고 있습니다. 인간에게 아무것도 해주지 않는 신들을 물리치고 인간 중심의 삶을 제시하고 있습니다. 선(善)의 표식을 감각에 둔 그는 죽음조차도 하나의 감각적인 사실로 바라보고 있는 것 같습니다.

"죽음은 우리와 무관하다"라고 그는 말합니다. "왜냐하면 우리가 존재하는 한 죽음은 실제로 존재하지 않고, 죽음이 현실에 존재할 때는 더 이상 우리가 존재하지 않기 때문이다"라고 말합니다.

정말로 그렇군요. 에피쿠로스가 말한 대로입니다. 죽음은 살아 있는 인간에게는 결코 느껴지지 않습니다. 게다가 죽어버리면 더 이상 감각도 없습니다. 느껴지지 않는 것은 선도 악도 아니며, 쾌(快)도 불쾌도 아닙니다. 요컨대 우리와 무관한 것이지요.

충만한 삶을 살아가고 있는 인간의 마음속에는 죽음의 관념 따위가 비집고 들어갈 틈이 없습니다. 우리의 공포는 오로지 공상 안에서만 발생합니다. 공상에 빠져 있는 것이 불가능할 정도로 바쁜 인간은 공포 따위와는 전혀 관계가 없습니다. 전장에서 필사적으로 싸우고 있는 병사들이나 거친 풍랑 속에서 작은 배를 구해내려는 어부들에게 무서운 것은 없을 것입니다. 병에 걸리기 전까지는 병이 무서워서 어찌할 바 몰랐던 인간도, 막상 병에 걸리면 더 이상 병을 두려워할 필요가 없어지기 마련입니다.

결국 인간에게 가장 커다란 적은 우리가 머릿속으로 만들어낸 공상이라는 이야기가 됩니다. 예를 들어 어떤 실업가가 사업에 실패했다고 칩시다. 그럴 경우 당장 손을 써야 할 긴급한 일들이 그의 눈앞에 들이닥칩니다. 너무나도 바빠진 나머지, 파산하기 전보다 생활이 활기를 띠기 시작하는 경우도 있을 수 있겠습니다.

그러나 전쟁이라든가 주가 폭락으로 무일푼이 될 수 있다는 생각에 겁에 질려 있는 나약한 사내의 경우, 그의 삶은 파산하기도 전에 엉망진창이 되어버립니다. 공상은 공상을 낳고, 불행한 환영은 거듭 나타나며, 공포는 더더욱 강해집니다. 어떤 일도 손에 잡히지 않습니다.

죽음의 관념도 이와 마찬가지입니다. 죽음의 상념에 빠져버리는 마음을 의식적으로 달랠 일이 아닙니다. 우리 삶 자체를 충만하게 하여 죽음의 상념을 자연스럽게 삶의 외부로 밀어내야 합니다. 이런 일상이야말로 바람직하다고 할 수 있겠습니다. 이것이 건강한 사람을 위한 위생학 아닐까요?

## '지루함'이라는 지옥에서의 탈출

죽음의 극복만큼이나 어려운 것이 지루함의 극복입니다. 특히 현

대의 샐러리맨이나 사무직 여성들은 나날의 지루함에서 벗어나고
자 열광적으로 우왕좌왕하고 있습니다. 여름이 오면 물밀 듯이 산
과 바다로 향합니다. 겨울이 오면 이번엔 삽시간에 스키장입니다.
긴자나 신주쿠는 일 년 내내 축제라도 펼쳐진 듯 사람들로 넘쳐납
니다. 맙소사. 한가한 인간이 이렇게나 많다는 사실에 새삼 감탄할
정도입니다. 번화한 거리에 끝도 없이 늘어선 찻집이나 바를 보면,
이런 걸로도 용케 장사가 된다는 새삼스러운 사실에 깜짝 놀랍니
다.

　지루함은 일종의 '현대병'이라고도 말할 수 있겠네요. 앞서 간략
히 언급했던 것처럼 자본주의의 발달과 더불어 노동이 세분화되면
서 인간은 기계의 부속품이 되었습니다. 뭔가를 만든다는, 노동에
동반되는 소박한 기쁨이 당연히 사라지게 됩니다. 컨베이어 시스템
(자동화된 기계장치인 컨베이어에 의한 유동작업 방식으로 능률 높은 생산을 함-역
주) 현장이나 타이프라이터 소리가 울려 퍼지는 오피스 안에 작업의
즐거움 따위가 있을 리 만무합니다. 있는 것이라곤 회색빛 지루함
뿐일 것입니다. 자연스럽게 현대인은 레저를 즐기려고 혈안이 됩니
다. '행복의 노래(しあわせの歌, 1955년 발표된 기노시타 고지[木下航二] 작곡
의 노동가요-역주)'라는 제목의 말도 안 되는 노래가 있습니다. 이런 건
겉만 그럴 듯하지 실은 **새빨간 거짓말**이라고 생각합니다.


　노동은 무척 힘들지만
　흐르는 땀방울에 미래를 담아…

말도 안 되는 소리입니다. 미래에 다가올 '밝은 사회'를 머릿속에서 아무리 그려본들 힘겨운 노동이 즐거워질 리 없습니다. 이런 노래로 만족할 수 있다면 종교나 마찬가지입니다. "종교는 아편이다"라고 말한 사람은 분명 마르크스 선생님이지 않았나요? 이 노래는 진보적인 사상과 명백히 모순됩니다. 차라리 '노동 소외의 노래'를 부르는 게 마땅합니다.

어쨌든 지루함은 우리 눈앞에 우뚝 서 있는 거대한 장벽 같은 존재입니다. 어떻게 해볼 도리가 없습니다. 이런 장벽을 극복하기 위해 과연 어떻게 해야 할까요.

하지만 생각하기에 따라서는 지루함은 인간만이 지니는 특권적 감정입니다. 역사나 문화를 추진시키는 힘이 되는 것은 안이한 행복보다는 오히려 불만족에 가까운 지루함이라는 감정이지 않을까요. 동물이 지루해한다는 소리는 들어본 적이 없습니다. 오스트레일리아에 서식하는 코알라는 온종일 유칼립투스 나무 꼭대기에서 초록색 잎사귀를 따먹거나 꾸벅꾸벅 졸면서 지낸다고 합니다. 태어나서 죽을 때까지 유칼립투스 나무에서 내려오는 일이 없습니다. 그래도 그들이 지루함이라는 고급스러운 감정을 경험한다고는 생각되지 않습니다.

이는 어떤 한 측면에서 보면 부럽기 그지없는 일이지만, 다른 측면에서 보면 조금도 부러워할 만한 일이 아닙니다. 왜냐하면 진보나 발전이 없는 생활에는 쾌락 역시 존재하지 않기 때문입니다. 그러므로 사무실 안에서 잿빛 지루함을 느끼고 있는 샐러리맨은, 적어도 지루함을 느끼지 않는 샐러리맨이나 '행복의 노래' 따위를 부르며 자위하는 사무직 여성보다 훨씬 인간적으로 진보된 상태에 있다는 말이 될 것입니다. 혁명을 일으킬 인간은 우선 뼈에 사무치도록 지루함을 느낄 필요가 있을 것 같습니다. 혁명이라는 것은 물론 생활적인 혁명을 말합니다.

지루함의 반대말은 '자극'입니다. 자극도 거듭 반복되면 순간적으로 마비되어버립니다. 지루함을 근본적으로 해소하기 위해서는 술이나 도박, 모험이나 스릴 등 단순하고 일시적인 자극이 아니라 진지하게 빠져들 수 있는 자신의 일이 있어야만 합니다. 하지만 지루함은 마치 바이러스처럼 우리 생활에 서서히 침투해옵니다.

단적으로 예를 들어봅시다. 나는 태생적으로 **뭔가**를 쓰는 것을 좋아해서 어찌 되었든 뭔가를 쓰는 직업으로 먹고살게 되었지만, 그럼에도 불구하고 원고용지 위에 글을 쓰면서 진저리를 치는 경우가 종종 있습니다. "맙소사, 이제 간신히 50장이로군. 아직도 200장을 더 써야 하잖아!"라는 형국입니다. 쓰고 있는 당사자가 이리도 진력이 나니, 분명 읽고 계신 분은 더더욱 진저리를 칠지도 모릅니다.

독자가 행여 지루해하지 않을까 항상 신경을 쓰는 민감한 편집자는 "선생님, 요즘 아무래도 자극이 부족하신 거 아닙니까. 이론적인 것도 좋지만 좀 더 감각적으로, 폐부를 깊숙이 찌르는 문장이 없으면 독자들이 계속 읽어주지 않습니다…." 등등의 말을 하며 나를 협박합니다.

그런 말을 들으면 나는 당황해서 다시 고쳐 쓰긴 하지만 마음속으로는 울분을 가눌 길이 없습니다. "지금 장난해? 간통소설도 아니고 처음부터 끝까지 자극적인 장면이 이어지는 이야기를 어떻게 쓰란 말이야. 도저히 무리지. 간통소설도 어지간한 삼류소설이 아니라면 처음부터 느닷없이 베드신이 나올 리 없잖아. 위대한 작품에는 반드시 지루한 부분이 있기 마련이야. 괴테나 톨스토이를 읽어보라지. 참고 읽다 보면 점점 재미있어진다니까"라며 분한 나머지 억지를 부려보지만, 물론 입 밖으로 이런 소리를 내지는 않습니다.

요컨대 지루함이란 이런 것입니다. 평범한 시간의 연속적 흐름 속에서 반짝 빛나는 순간이 있습니다. 이것을 소중히 해야 합니다. 쉴 새 없이 번쩍거린다면 머리가 어떻게 되어버릴 것입니다. 새로운 쾌락과 마주하기 위해서라도 휴식이 필요합니다. 사회생활을 영위하는 이상, 지루함을 견디는 힘이라는 것도 갖춰야 합니다.

만약 마음에 들지 않는 지루한 일을 강요하는 사회를 철저히 적대시한다면, 그 사람은 **혁명가**나 **은자**(隱者, 숨어 사는 사람)가 될 수밖에 없습니다. 전자는 온몸을 던져 세계를 개조하려는 절망적인 바람일 것이며, 후자는 현실과의 관계를 모조리 끊어내려는 도피적 바람입니다.

여기서 특히 은자의 이상을 다뤄보고 싶다고 생각하는 이유는, 동양이든 서양이든 이것이 쾌락주의 철학의 역사와 깊은 관련성을 지니고 있기 때문입니다.

## 은자의 사상

에피쿠로스는 제자들과 함께 '정원 학교'라는 것을 경영하며 번잡한 현실에 등을 돌리고 조용히 지내는 것을 이상으로 삼았습니다. 따라서 정치 문제에는 철저히 무관심했습니다.

"행복하기 위해서 숨어 살자"라고 그는 말하고 있습니다. 요컨대 그는 사회생활을 부정하고 있었던 것입니다.

일본의 중세시대(가마쿠라[鎌倉] 시대)에도 에피쿠로스처럼 번거로운 세상과 관계를 끊으려고 했던 사람들이 있었습니다. 그들은 산에 틀어박히거나 방랑의 여행길에 나서거나 출가를 함으로써 자신의 이상을 지키려고 했습니다. 사이교(西行) 법사, 『호조키(方丈記)』를 쓴 가모노 조메이(鴨長明), 『쓰레즈레구사(徒然草)』를 쓴 겐코(兼好) 법사, 『오쿠노호소미치(奥の細道)』를 쓴 마쓰오 바쇼(松尾芭蕉, 이 사람은 에도[江戸] 시대 사람), 그 외에 수많은 스님들입니다. 그들은 모두 지루한 사회생활이나 부패한 정치가 싫어져서 세상에 등을 돌립니다. 그렇게 세상으로부터 몸을 감춘 뒤 자연의 품속으로 돌아간 사람들, 요컨대 은자들입니다.

도겐(道元)이라는 스님은 "성읍취락(城邑聚落)에 살지 말 것. 국왕이나 대신에게 가까이 다가가지 말 것"(『겐제이키[建撕記]』)이라고 가르쳤는데, 이는 은자들의 이상을 정확하게 말해주고 있습니다.

세상을 이미 버렸건만 버리지 못한 마음이 들어 차마 도읍

## 못 떠나는 나의 몸이로구나(世の中を捨てて捨てえぬ心地して都離れ ぬ我身なりけり)

미련이 철철 남아 이런 와카(和歌, 31음을 정형으로 하는 일본 전통 시가-역주)를 읊고 있었을 무렵의 사이교는, 은자의 이상에 이르기에는 아직도 멀었던 것입니다.

어쨌든 이런 과정을 거쳐 그들이 실현하고자 했던 은둔 생활은 과연 어떤 것이었을까요. 요컨대 자유로운 생활입니다. 쾌락주의 생활입니다. 앞 장에서 말씀드렸듯이 '현실 원칙'의 속박을 끊어내고 '쾌락 원칙'을 최대한 해방하려고 했던 생활입니다. '스키(数寄)', '와비(わび)', '사비(さび)' 등의 미의식 표현에는 제각기 다른 점도 있지만, 모두 인생의 덧없음과 지루함을 응시하는 불교적 '무상감' 위에서 있는 일종의 미적 생활 철학입니다. 어쩌면 도피일지도 모르지만, 사회가 자유로운 인간의 존재를 허락하지 않는 이상 어쩔 수 없는 도피이기도 합니다.

"도피도 좋지만, 그건 옛날 얘기잖아!"라고 말씀하실 분도 계실지 모릅니다. "현재와 같은 자본주의 시대, 대도시에 살고 있는 샐러리맨이나 노동자에게 도대체 은자의 생활 따위가 가능하겠어? 그렇게 하면 당장 먹고살 일이 막막해져 거지가 되겠지"라고 말씀하실지도 모릅니다.

그렇겠지요. 틀림없이 그럴 것입니다. 하지만 현대에도 은자에 가까운 인간은 존재합니다. 예컨대 미국에는 비트 세대(Beat

Generation)라는 사람들이 있습니다.

제2차 세계대전 이후, 소비문명이 극도로 발달한 미국에 기묘한 인종이 나타났습니다. 지저분한 턱수염을 기르고, 재즈나 마약을 애호하며, 마치 부랑자처럼 정처 없이 기꺼이 극빈 생활을 자처합니다. 일체의 사회적 속박에서 벗어나 기분 내키는 대로 자유로운 삶을 살고자 했던 이들 무리를 사람들은 비트족이라고 불렀습니다.

돈이 없어지면 그들은 일용직 노동도 마다하지 않았고, 호텔에서 접시라도 닦았습니다. 어떤 일이든 했지만 애당초 최저생활을 했기 때문에 돈도 거의 필요치 않았지요. 심지어 그들은 시인, 철학자였으며 자신의 삶의 방식에 대해 확신을 가지고 있었고, 샌프란시스코나 뉴욕의 그리니치빌리지에서 흑인이나 예술가들과 사귀면서 지냈습니다.

고도자본주의의 번영을 자부하던 미국에 이런 야만적인 무리가 나타났다는 사실은 실로 흥미로운 현상이라고 말할 수 있습니다.

물론 이런 비트족의 삶, 혹은 은자의 삶을 실현하기 위해서는 집이나 가족, 재산이나 명예, 그 외에 일체의 물질적 욕망이나 세속적 욕망을 버려야 했습니다. 그런 것에 미련을 가진 사람은 비트족 사이에서는 '순응주의자'라며 경멸당했습니다. 아마도 비트족이라고 일컬어지는 사람들 중에서도 진정한 의미에서의 은자의 이상을 관철시킨 사람은 극소수에 그칠 것입니다. 그저 유행에 따라 겉멋으로 수염 따위를 길러 예술가 행세를 하던 피라미들도 많았겠지요.

'버린다'라는 것은 무척이나 어려운 일입니다. 가족을 버리고, 재산을 버리는 것이 어디 쉬운 일이겠습니까. 그러고 보니 일본의 가마쿠라 시대에도 버릴 것을 철저히 강조했던 특이한 스님이 있었습니다. "이것도 버려라, 저것도 버려라"라며 마지막의 마지막까지 버릴 것을 강조했습니다. 일본어로 '스테히지리(捨聖, 모든 것을 다 버린 성자-역주)'라고 불리며 일종의 '춤추는 종교'를 발명한 잇펜쇼닌(一編上人)이라는 스님이었습니다.

'버린다'라는 것은 요컨대 번뇌에서 벗어나는 것, 여러 가지 욕망이 생겨나는 내부적 원천을 고갈시켜버리는 것을 말합니다.

선종 스님이 영양가가 부족한 쇼진(精進)요리(일본의 사찰음식-역주)를 통해 수행에 방해가 되는 성욕을 억제하려고 했던 것도 비슷한 생각에 바탕을 두고 있습니다.


## 정치에 침을 뱉으라

'버린다'라는 것을 조금 다른 각도에서 생각해봅시다. 예를 들어 국민으로서의 권리를 기꺼이 자진해서 '버린다'라는 것이 있습니다.

엄청난 일이 아닙니다. 그저 총선거 이야기입니다. 우리는 국회의원 후보자에게 한 표를 던질 권리를 가지고 있습니다. 그러나 둘러보면 보수 정당에도 진보 정당에도 변변한 후보가 없습니다. 정치의 이상 따윈 이미 찾을 수 없고, 사회주의 정당마저 추잡스러운 내부 투쟁만 하고 있습니다.

정치가란 원래 현실 사회를 고발하는 비판자여야 한다고 생각합니다. 그런데 "잘 부탁드립니다. 자~알 부탁드립니다아~"라며 연신 굽실거리는 후보자는 아무리 봐도 정치를 장사로 삼고 있는 인간, 요컨대 **정치상점**에 불과합니다. 그들은 요컨대 우리의 표를 원하고 있을 뿐입니다. 그래서 정부가 앞장서서 기권 방지를 호소합니다.

반대로 투표하는 쪽을 살펴봅시다. 유권자, 즉 우리는 민주주의라는 대의명분에 따라 주저하지 않고 투표소에 가서 한 표를 던짐으로써 단 하루나마 주권자가 된다는 정치적 임무를 다했다는 생각에 만족해버립니다. 선거란 국민들의 불평불만을 해소하기 위해 만들어놓은 실로 교묘한 덫이지 않을까요? 선거란 지배자가 인민을 능수능란하게 다스리기 위한 구실에 불과하지 않을까요? 단 하루 동안만 주권자일 뿐, 그다음은 내각이 해산할 때까지 정치에 대한 일체의 발언권을 박탈당합니다. 한 사람 한 사람이 유권자의 이름을 표에 적은 후 투표함에 넣어버리면 그걸로 끝입니다.

선거라는 이름을 지닌 인민 지배의 덫을 대대적으로 선전하는 것은 지배계급과 정당뿐입니다. 선거가 끝나버리면 '정치가=정치상점'은 태연하게 뻔뻔스러운 얼굴을 합니다. 우리와는 아무런 관계도 없습니다.

누구도 지배하지 않는 사회를 민주적 사회라고 부른다면 '민주적'이라는 것과 '민주주의'는 완전히 별개입니다. 민주주의란 적어도 현재까지, 정당(진보파, 보수파를 포함해서)이 국민을 지배하기 위한 이데올로기입니다. 더 이상 이전처럼 생동감 있는 매력을 지닌 단어가 아닙니다.

　나는 이런 공상을 합니다. ― 만약 모든 국민이 자진해서 기꺼이 선거권을 포기한다면? 정치에 불신을 품은 민중이 이런 기권운동을 전국적 규모로, 대대적으로 추진한다면?

　귀찮아서 하는 기권이 아니라 강한 신념을 지닌 기권입니다. 국민 전체가 정치라는 기만적 제도에 침을 뱉는 것이지요. 겉만 번지르르한 민주주의가 아니라 진정한 민주주의를 확립하기 위해 그리 하는 것입니다. 거부는 무언의 혁명입니다. 이것이야말로 우리 인민들이 각자의 입장에서 가장 간단히 참가할 수 있는 최소한의 혁명적 행동이라고 말할 수 있겠지요. ―

　이와 같은 생각을 하면서 추운 투표 당일에 이불을 뒤집어쓰고 맘껏 늦잠을 자는 것은 참으로 기분 좋은 일입니다. 회사에 지각해도 괜찮습니다. 국민의 권리를 행사하는 신성한 투표일이니까요. "아이고, 투표소가 혼잡한 바람에 너무 늦어버렸군요." 이렇게 대충 얼버무리면 됩니다.

　기권한 사실을 들켜서 진보적 문화인 행세를 하는 친구에게 호되게 야단을 맞아도 능청스럽게 답변합니다. "그게 말이지. 난 현대를 살아가는 은자거든. 자네도 알고 있지 않나? 은자야말로 가장 혁명적인 인간이라고." 이렇게 우스갯소리를 하고 한바탕 웃어젖히면 됩니다. 오히려 친구가 깜짝 놀라 입을 다물고 말겠지요.

　정치의식이 낮은 것은 난처한 일입니다. 그러나 단호한 생각을 가지고 기꺼이 정치에 등을 돌리는 것은 조금도 부끄러워할 일이 아닙니다. 양처럼 유순하게 투표소 앞에서 줄을 서는 인간보다 훨씬 훌륭합니다. 비트족이 '순응주의자'라고 부르며 경멸하는 인간도 양처럼 순응하는 이런 무리를 가리킵니다.

만약 에피쿠로스가 현대까지 살아 있었다면, 분명 그들도 내 의견에 찬성하고 국민으로서의 권리를 당당히 버렸겠지요.


## 쾌락주의의 함정


그런데 은자의 사상은 지극히 동양적인 이상입니다. 어쩌면 "세상에서 도망쳐 산속으로 들어가 살아가다니, 노인이나 선종 스님 같네. 그걸 무슨 수로 끝까지 하겠어? 금욕주의랑 다를 바가 없잖아?"라고 말할 분이 계실지도 모릅니다.

기후가 좋고 지리적 조건이 좋았던 동양의 여러 국가에는 예로부터 이런 사람들이 있었습니다. 최소한의 물질적 생활을 누리며 아무 일 없이 놀면서 지내는 것을 최고의 이상으로 간주했습니다.

아울러 동양에는 전제주의와 강압정치가 존재했기 때문에 자유를 추구하는 예술가나 사상가가 사회 속에서 살아가기 힘겹다는 사정도 있었습니다. 인도의 행자, 중국의 선인(仙人), 일본 중세의 은자 같은 사람들입니다. 모두들 반사회적 이상을 가지고 살아간 사람들입니다. 가난한 나라에 어울리는 가난한 이상이라고 말할 수 있을지도 모릅니다.

그런 측면에서 보자면 그리스의 에피쿠로스에게도 동양적인 철학자의 모습이 투영되어 있다고 말할 수 있습니다. 유럽의 전통 안에서는 약간 색다른 인물입니다.

그러나 죽음에 대한 상념에서 출발하는 쾌락주의는 아무리 생각해도 선종 승려를 연상시키며 궁상맞기 그지없습니다. 어떤 의미에서 나태하다고 말할 수도 있습니다. 유럽에 존재했던 본래의 쾌락주의는 좀 더 건설적이고 추진력이 있었으며, 집요하면서도 기름진 생명력으로 넘쳐났습니다.

앞서 언급했던 가마쿠라 시대의 잇펜쇼닌이라는 스님도 죽음에 대해서만 생각하던 사람이었던 모양입니다. 마지막엔 '넨부쓰오도리(念仏踊り)'라는 일종의 '춤추는 종교'를 발명했는데, 이것 역시 에피쿠로스와 마찬가지로 죽음의 절망을 경험한 다음에 나온 쾌락주의입니다. "내일까지 살 이유가 없으니, 요컨대 빨리 죽는 것이야말로 내 소망하는 바이다"(『어록[語錄]』)라고 잇펜쇼닌은 말했습니다. 거의 자살을 권유하는 셈이네요.

서양에는 그보다 훨씬 명확히, 진심으로 친구들에게 자살을 권하고 다녔던 사내가 있었습니다. "현세의 고뇌를 벗어나기 위해서는 죽는 길밖에는 없다. 죽음만이 쾌락이다"라고 말했던 헤게시아스(Hegesias)입니다. 에피쿠로스와 비슷한 무렵에 살았던 철학자입니다. 이렇게 보면 쾌락주의인지 아닌지 도저히 알 수가 없군요. 은자의 사상도 이쯤 되면 한계에 봉착하게 되나 봅니다.

이처럼 죽음에 대한 상념을 출발점으로 하는 동양적 쾌락주의는 까딱하다간 극단적인 염세주의, 극단적인 비관주의에 빠질 위험성이 있습니다. 자칫 잘못해서 죽음의 신과 노닐게 되면 안 되지요. 어지간히 정신이 온전하게 박힌 사람이 아니라면, 제대로 자리 잡고 앉아 커다란 아가리를 벌리고 있는 저승사자에게 한 방에 잡아먹힐 것입니다. 이러면 모든 것을 잃게 됩니다.

일본에도 서방정토를 동경해 직접 바다로 뛰어들어가 죽는 불교 일파가 있었습니다. 그러나 그런 극단적인 예외를 제외하면, 대부분의 은자들은 와카를 읊거나 수필을 쓰거나 여행을 하면서 전란에 휩싸인 세상에서 자기 마음 가는 대로 살았습니다. 이것이 가능했던 이유는 자연을 벗 삼아 일상생활을 예술화하고 싶어 하는 일본인 특유의 자질 때문일지도 모릅니다. 논리적으로 극단에까지 치닫는 것은 일본인의 기질과 맞지 않아 불가능했던 것 같습니다.

예를 들어 '스키(数寄)'라는 단어가 '호색(好色)'이나 '이로고노미(色ごのみ, 색을 밝히는 사람)'를 의미하는 '스키(好き)'에서 발생했다는 예를 봐도 일본 은자의 데카당스 양상, 쾌락주의적 행방은 증명된다고 말할 수 있습니다. "모든 점에서 탁월한 사내라도 연애에 흥미가 없다면 흥이 깨진다. 근사하기 그지없는 술잔이건만 밑바닥이 빠져 있는 형국이다. 가장 중요한 것이 빠져 있다는 느낌이 든다"라고 말한 사람은 은자문학의 일인자인 『쓰레즈레구사(徒然草)』의 겐코(兼好) 법사입니다.

이번엔 일본인이 아주 먼 옛날부터 알고 있던 쾌락주의적 이념, 호색이라는 것에 대해 써보고 싶습니다.

# 호색이라는 것

 "옛날에 한 사내가 있었다"라는 도입부로 유명한 헤이안 시대의 소설 『이세모노가타리(伊勢物語)』에 '천하의 이로고노미(天の下のいろごのみ)'라는 표현이 있습니다. 내친왕(内親王)의 장례식이 거행되던 밤, 미야(宮)의 옆에 사는 사내가 여성이 타는 수레에 함께 탄 상태로 외출을 했는데 미나모토노 이타루(源至)라는 사람은 여자만 탄 수레라고 생각하고는 다가와 말을 걸었다는 이야기입니다. 이런 미나모토노 이타루에 대해 작자는 '천하의 이로고노미'라고 평가하고 있습니다.

 이 표현만 보면 이로고노미에 대한 찬미가 담겨 있을 뿐 경멸의 의미는 전혀 없습니다. 당시 이로고노미라고 일컬어지는 것은 전혀 불명예가 아니었음을 보여주고 있습니다. 오늘날 사용되는 '색골(스케베[助平])' 등의 야유 어린 단어와는 뉘앙스가 전혀 달랐다는 사실을 우선 머릿속에 넣어둘 필요가 있습니다.

 그런데 『이세모노가타리』의 주인공은 '이로오토코(色男)'의 전형으로 후세에까지 명성을 떨쳤던 아리와라노 나리히라(在原業平)라고 알려져 있습니다. 현대에도 '이로오토코'를 연상시키는 사람을 "이보게, 나리히라!"라며 놀리곤 하는데, 사실 나리히라는 훌륭한 가문 출신으로 재능 있는 인재였지만 귀족사회에서 출세하지 못한 채 세상을 등지고 주색에 빠져 와카나 읊으며 평생 데카당스한 삶을 살았던 인물입니다.

요컨대 나리히라로 대표되는 '이로고노미'는 헤이안 시대 귀족 사회의 패배자이자 반역적인 인물이었습니다. 요즘 유행하는 표현으로 **좌절한**(안보 투쟁을 주도했던 신좌익을 당시엔 좌절자로 부르기도 함-역주) 인간입니다. 앞서 은자에 대해 썼는데 '이로고노미'의 전통도 그와 비슷합니다. 사회를 향해 등을 돌린다는, 반역 내지는 도피의 자세가 느껴집니다.

이처럼 이로고노미란 '사랑의 정취를 이해하는 사람'을 가리키는 말이었기 때문에, 실제 사회에서 실무에 종사하는 쫀쫀한 원칙주의자는 그런 정취를 이해할 수 없다고 간주되었습니다. '정치적 인간'은 **촌스러운** 존재입니다. 오로지 연애 유희에만 빠져 있는 '성적 인간'이야말로 풍류를 아는 사람이었습니다. 많은 여성들에게 각각 합당한 대우를 해주면서 모두를 만족시킨다는 부분에 '이로고노미'의 이상이 표현되고 있었습니다.

왕조시대에 명성을 떨친 '이로고노미'였던 아리와라노 나리히라, 헤이추(平中, 『헤이추모노가타리[平中物語]』의 남자 주인공-역주), 히카루 겐지(光源氏), 니오우노미야(匂宮, 『겐지모노가타리[源氏物語]』의 주인공인 히카루 겐지의 손자-역주) 등은 모두들 여성을 어떻게 대할지에 대해 도통한 최고의 '댄디(dandy)'들이었지만 실생활에서는 방탕하기 그지없고 무능에 가까운 인간들이었습니다. 물론 나중에 나온 두 사람은 소설 속 인물이긴 합니다.

시대를 한참 내려가서 에도 시대가 되면 '이로고노미'는 모두 유녀(遊女)를 대상으로 하게 되지만 예로부터 내려오던 '댄디즘'만은 여전히 계승되었습니다. 유곽에 눌러 살다시피 하면서 철저히 호색을 즐김으로써 인간성을 연마하고 마침내 은자의 경지에 준하는 깨달음에 도달한다는 이야기입니다. 이런 인간을 '염은자(艶隱者, 아야인자)'라고 불렀습니다.

"유녀에 빠질 정도의 수준이 되는 사람 중 어리석은 이는 한 사람도 없다"(『세켄무네잔요[世間胸算用]』)라는 표현이 있는 것처럼, 손익 계산을 따지는 인색한 근성을 온전히 버리고 호방하게 전 재산을 탕진하는 자가 풍류인으로 존경받았습니다. 내일 따윈 근심하지 않고 거침없이 돈을 뿌립니다. 그 결과 빈털터리 신세가 되어 가산을 모조리 탕진해도 본인이 바라는 바였기 때문에 결코 과거의 방탕함을 후회하지 않습니다.

여색에 빠지고 유녀의 처지를 가엾게 여기며 인간 세상의 진실을 깨우칠 수 있다면 그것으로 이미 훌륭한 인생 수업을 했다고 생각했던 것입니다. 이른바 색도(色道)에 기꺼이 목숨을 바칠 각오와 마음가짐을 볼 수 있습니다.

"댄디즘이란 일종의 정신주의며 고행이다"라고 말한 사람은 보들레르(Charles Pierre Baudelaire)였습니다. 그런데 여기서 다시금 쾌락주의와 금욕주의가 서로 구별하기 어려울 정도로 접근하고 있다는 사실을 포착하셨겠지요. 극단과 극단은 결국 비슷해지기 마련인 모양입니다. 가라키 준조(唐木順三)의 『쓸모없는 인간 계보(無用者の系譜)』라는 책에 이런 이야기가 나옵니다.

— 우에노(上野) 이케노하타(池ノ端)에 커다란 금붕어 가게가 있는데, 거기로 매일 장구벌레를 팔러 오는 추레한 행색의 사내가 있었다. 어느 날 세 부자가 금붕어를 사러 가게에 들렀다가 그 사내를 언뜻 보니 과거에 요시와라(吉原) 유곽에서 함께 놀곤 했던 리자에몬(利左衛門)이라는 거부였다. 과거와는 완전히 달라진 모습을 보고 놀란 세 사람은 리자에몬을 딱하게 여기며 그 자리에서 얼마간의 돈을 모아 전해주려고 했다. 그러나 당사자는 오히려 "유녀에게 빠지면 결국 이렇게 되기 마련이니 그리 부끄러워할 일도 아니지"라며 도무지 돈을 받으려고 하지 않았다.

그러나 "그대들의 뜻은 참으로 고맙네. 오랜만에 만났으니 술이라도 한잔해야 하지 않겠는가"라고 말하며 자기가 먼저 일어서서 술집에 가자고 하더니 "이것밖에 없는데"라며 25문을 술집 주인에게 툭 하고 던졌다. 과연 **화통**하다.

그러고 나서 네 사람이 함께 리자에몬의 집으로 가게 되었다. 가난한 거처에 가보니 그 옛날 요시와라에 있던 리자에몬의 마누라가 안면이 있는 세 사람을 웃는 얼굴로 맞이한다. 그러나 일단 차라도 한잔 대접하려 해도 뜨거운 물을 데울 장작도, 숯도 없다. 어쩔 수 없이 마누라가 불단의 문짝을 식칼로 쪼개 장작으로 삼는 형국이었다. 아이들은 입을 옷이 없어 벌거벗은 상태였고, 이런저런 천들로 조각조각 기워진 이불을 두르고 있었다. 처참할 정도로 가난한 집이다. 세 사람의 친구들은 더더욱 가엾게 여겨 돌아가는 길에 수중에 들고 있던 돈을 모두 모아 살짝 놓고 왔다.

그러자 리자에몬이 황급히 쫓아와서 말하기를 "이것은 어쩐 돈인가. 받을 이유가 없다"라며 길바닥에 내팽개치고 집으로 들어가버렸다. 그러고 나서 2~3일 지나 세 사람이 선물을 준비해 리자에몬의 거처로 심부름꾼을 보냈더니 집은 이미 빈집이 되어 있었다. ―

　이상의 이야기는 이하라 사이카쿠(井原西鶴)의 『사이카쿠오키미야게(西鶴置土産)』에 나오는 이야기라고 하는데, 도락에 빠진 사람의 결기가 실로 탁월하게 묘사되어 있습니다. 리자에몬도 그 부인도 유곽에서 놀다가 가산을 탕진했던 과거를 결코 후회하고 있지 않습니다. 현재의 가난한 삶에 짓눌려 암담한 심정으로 살아가고 있는 것도 아닙니다. 가난 따위는 개의치 않고 금붕어 먹이인 장구벌레나 잡아 팔면서 오붓하게 지내는 현재의 삶을 오히려 즐기고 있습니다. 옛 친구의 성의와 배려를 받아들이지 않는 것도 **오기**나 고집 때문이라기보다는, 현재의 소소한 행복을 타인에 의해 방해받고 싶지 않다는 독립자존의 심정 때문일 것입니다.

　이런 경지에 도달하는 것이, 그야말로 놀 만큼 놀아본 풍류인의 마지막 이상이었던 것입니다. 이것은 유럽에 존재했던 일종의 댄디즘, 보들레르가 말하는 이른바 고행에 가깝다고 말할 수 있을지도 모릅니다.

　앙드레 지드의 회상에 따르면 오스카 와일드는 "즐기는 것을 의무로 삼고" 있었으며, "사람이 의무로 향하는 것처럼 쾌락으로 향했다"고 합니다. 에도 시대의 풍류인과 비교해보면 악착같은 측면이 있어서 상당히 격이 떨어지는 것 같지만, 역시 정신주의적인 냄새가 납니다. 심지어 와일드가 유명한 남색 사건의 스캔들에 휘말려 투옥될 수밖에 없게 되었을 때 "나는 쾌락을 위해 살아왔다는 사실을 한순간도 후회하지 않는다"라고 말했던 것을 돌이켜보면, 역시 이 미치광이 같은 관능주의자에게도 에도 시대 풍류인 같은 결기가 존재했다고 믿고 싶어집니다.

아무래도 쾌락주의 역시 그것을 '주의'로서 실행하고자 결의하는 동시에 일종의 정신주의, 금욕주의로 무한히 접근해가는 것 같습니다. 적당한 지점에서 릴랙스할 필요가 있습니다. 동물에게 '주의' 따위는 없으니까요.


인공낙원과 주지육림


일본인들은 생활을 미화하는 것에 능하다고 평가받고 있습니다. 화조풍월(花鳥風月), 다도(茶道), 화도(華道, 꽃꽂이), 정원, 하이쿠 등 모두 간단히 접할 수 있습니다. 자연을 상대하기 때문에 전반적으로 큰돈도 들지 않습니다. 두부 가게 아저씨가 하이쿠를 짓고, 공동주택단지에 사는 젊은 아낙네가 이케노보(池坊流, 화도의 대표적 이에모토 중 하나-역주) 면허를 가지고 있습니다. 사랑스러운 일이긴 하나, 화장실에까지 화려한 꽃꽂이를 해놓고 자기만족에 빠져 있는 것은 골계스러운 일이기도 합니다. 생각하기에 따라 일본인은 모두 은자의 이상을 **희석해서** 몸에 지닌 채 산다고 볼 수 있을지도 모릅니다.

서양인은 그런 식의 풍류에 대해 깊이 생각하지 않습니다. 화장실에 꽃꽂이를 장식하기보다는 우선 생활을 편리하게 만들어주는 하수도나 세탁 장치를 발명합니다. 합리적이고 건설적인 서양 문화는 이렇게 몇천 년 전부터 구축돼왔습니다.

은자나 '이로고노미'나 일본의 데카당스 따위는 아무것도 아닙니다. 정신적으로 얼마나 급이 높은지는 모르겠지만, 물질적으로는 참으로 부족하고 비참하고 빈한합니다.

예를 들어 다자이 오사무(太宰治), 사카구치 안고(坂口安吾), 다나카 히데미쓰(田中英光) 같은 일본의 이른바 데카당스 문학자들이 쓴 글을 읽어보십시오. 그들이 술을 마시는 곳은 하나같이 어수선한 역 주변 시장이라든가 꼬치구이 냄새가 진동하는 ○○골목 등 빨간 제등이 달린 지저분한 술집들입니다. 그들이 상대하는 여자들은 시골에서 갓 상경한 술집 언니라든가 한 집안의 생계를 떠맡는 바람에 졸지에 팔려나온 다마노이(玉の井, 전쟁 이전부터 1958년 매춘방지법 시행 전까지 도쿄에 존재했던 사창가-역주) 지역의 매춘부라든가, 요컨대 음지의 꽃 같은 여성들뿐입니다. 딱히 경멸해서 이렇게 표현한 것은 아닙니다. 나 역시 때론 그런 분위기에 젖는 것을 사랑하지만, 사실은 사실입니다.

종래의 일본인의 취향, 일본인의 미학이 이처럼 궁상맞고 쩨쩨하고 질퍽거리는 것이었기 때문에 메이지 시대 이후의 소설에도 유독 그런 분위기가 많이 나오는 것은 당연합니다. 사소설이라는 것이

종래의 일본의 은자 취향을 이어받은 문학, 요컨대 술집 골목 문학입니다.

바둑판 눈금 같은 시가지 골목, 고층 아파트나 밝은 공원, 고속도로나 산책로, 청결한 수도와 화장실 등을 갖춘 근대도시 같은, 에너지 넘치는 합리주의적 두뇌에 의해 치밀하게 계획된 장편소설이나 본격소설은 유감스럽게도 당분간 일본에서 나올 것 같지 않습니다.

똑같이 생활을 미화한다 해도 서양적 쾌락주의는 정신력(지성)과 물질력(기술)을 최대한 쏟아부어 그야말로 지상에 환상의 성을 구축해낸 듯한 작업에 몰두합니다. 고딕 사원이나 프랑스 루이 왕조의 궁전이 얼마나 호화찬란한지를 생각해보면, 긴카쿠지(金閣寺, 금각사)나 가쓰라이궁(桂離宮)의 미학과는 비교가 되지 않습니다. 에너지 넘치는 치밀한 계획에 근거한, 쾌락을 향한 의지의 결정체입니다.

서양인 특유의 육체적인 집요함이라고 표현하면 이야기는 간단하지만, 똑같은 '데카당스'라 해도 메밀국수나 두부 같은 담백한 데카당스와 비프스테이크 같은 농밀한 데카당스가 있는 모양입니다.

다자이 오사무가 남긴 유명한 말에 "후지산에는 달맞이꽃이 잘 어울린다(富士には月見草がよく似合う)"라는 것이 있습니다. 사카구치 안고에게는 "벚꽃 꽃그늘 그저 바람이 지나갈 뿐(花の下は風吹くばかり)"이라는 것이 있습니다. 일본의 대표적인 데카당스 작가가 참으로 담박하고 청순가련하고 무욕염담(욕심 없이 깨끗하고 담담함-역주)한 발언을 하고 있지 않습니까. 마치 식물처럼 산뜻합니다.

그런 점에서 보자면 유럽의 인간은 전혀 다릅니다.

"아, 청춘을 간직하고 있는 동안 그 청춘을 실현하라. 지루한 무리들의 이야기를 듣거나, 도저히 수습이 불가능한 치명적인 실패를 어떻게든 수습하려고 하거나, 무지한 패거리나 범용한 무리에게 생명을 내던지면서 그대의 황금 같은 나날을 탕진하지 말라. 그런 것들은 현대의 병적인 목적, 허위의 이상이다. 살아내라! 그대 안에 있는 놀랄 만한 생을 살아내라! 자신의 몸에서 그 무엇도 빼앗기지 말라. 항상 새로운 감동을 찾으라. 그 무엇도 두려워해서는 안 된다. 새로운 쾌락주의 — 이것이야말로 현대가 추구하는 바이다."

이렇게 외치며 쾌락주의를 선언한 것은 영국의 오스카 와일드입니다. 이 말은 미의 제단에 생명의 모든 것을 바치려고 했던, 이른바 세기말 탐미파 운동의 매니페스토(선언)가 되었습니다. 미를 지상(至上)의 목적으로 삼아 모든 것이 충만한 삶을 살기 위해서 기성의 도덕이나 사회질서 따위는 희생해도 상관없었던 것입니다.

와일드가 작가 활동을 시작하기 이전부터 프랑스에도 이미 보들레르나 베를렌(Paul-Marie Verlaine) 같은 사람이 존재했습니다. 주색에 빠지면서 오로지 미신(美神) 앞에 무릎을 꿇고 절을 한다는, 일종의 데카당스적인 예술지상주의의 삶을 몸소 보여준 사람들이었습니다. 여기서 특히 내가 다루고 싶다고 생각한 사람은 『거꾸로(À rebours)』라는 기묘한 소설을 쓴 위스망스(Joris Karl Huysmans)라는 작가입니다.

『거꾸로』의 주인공 '데 제생트'는 예민한 기질을 지닌 귀족입니다. 그러나 부르주아적인 유물사상이나 금전 만능의 세상에 염증을 느

껍니다. 파리 교외에 작은 집을 사서 틀어박힌 후 자기 멋대로, 자기 취향대로 살아가는 기인이었습니다. 일종의 은자였지만, 자연의 화조풍월을 벗 삼아 '고담(枯淡, 꾸밈이 없고 담담함-역주)'의 경지에 **빠져드**는 궁상맞은 일본의 은자와는 완전히 딴판이었습니다. 자연에 반역하며 이상적인 인공낙원을 만들기 위해 '거꾸로'의 세계를 만들려고 합니다. 이를 위해 놀랄 만큼 주도면밀한 계획을 세우고 경이로울 정도로 정력적인 작업에 착수합니다.

막대한 자금을 쏟아부어 자신의 취향에 맞는 호화로운 가구와 실내장식을 갖추고, 만 권의 책들을 꽂아두고 진귀한 난꽃들을 모아놓습니다. 등딱지에 보석과 황금을 박아놓은 한 마리의 거북이를 기르고, 양질의 술과 요리의 맛을 즐기며, 유유자적하게 무위와 사색의 생활을 보내려 했습니다.

따라서 무릇 '데카당'이라 일컬어질 수 있는 자는 적어도 유럽에서는 단순히 '미(美)'에 대한 지식이나 교양만이 아니라 탁월한 육체적 정력과 재력도 필요로 한다는 사실을 느끼지 않을 수 없습니다. 일본의 은자처럼 산속에 기어들어가 나무뿌리나 열매로 가까스로 연명하거나 싸구려 술에 취해 안주하지 않습니다. 유럽의 데카당스는 화려하게 번쩍거리는 데카당스입니다. 성처럼 당당하게 하늘을 향해 치솟아 오릅니다.

'거꾸로'란, 말 그대로 현실의 질서를 뒤집어놓은 반세계(反世界)를 말합니다. 요컨대 인공낙원입니다. 인간의 지성과 육체가 자연에 어디까지 도전하고, 자연을 어디까지 정복할 수 있는지를 위스망스의 『거꾸로』가 보여주고 있습니다. 일본의 데카당스처럼 하이쿠 따위를 읊으며 자연을 벗 삼아 자연 속에 몰입해 정신과 자연의 경계를 불분명하게 만드는 태도와는 완전히 다릅니다. 필사적으로 자연과 대립하고, 관능을 좀 더 예민하게 하며, 마지막까지 정신적 왕국을 수호하고 쾌락주의의 아성을 구축하려는 불굴의 의지가 느껴집니다. 인공낙원이라는 것은 그런 의미입니다.

이처럼 쾌락주의 전통은 유럽에서는 예로부터 존재했습니다. 영화에도 자주 등장하는 고대 로마 황제의 화려한 생활이 그런 예입니다. 물질적 쾌락의 극단을 추구한다는 의미에서 이것 역시 근대의 인공낙원 사상과 이어집니다. 보들레르나 와일드 같은 19세기 말의 데카당스 문학자도 휘황찬란한 고대의 태양을 동경했던 이들이었습니다.

로마제국의 화려함은 노예제도를 바탕으로 구축되었습니다. 쇠락한 근대인들 입장에서는 부럽기 짝이 없습니다. 당시 귀족들은 노상 헐렁한 네글리제 비슷한 옷을 걸쳐 입고, 카펫이 펼쳐진 마룻바닥이나 안락의자 위에 드러누워 에로틱한 대화 따위를 즐기며, 향수를 뿌린 손가락으로 고기를 뜯거나 노예가 내미는 황금 술잔으로 술을 마시곤 했습니다.

뒤에서 대기하던 흑인 노예가 손잡이가 기다란 부채를 연신 부치면서 파리를 쫓아주거나 실내의 더위를 가라앉혀주곤 합니다. 낮에서 밤까지 연회가 이어지면 음식으로 가득 찬 위장을 비우기 위해 새의 날개를 목구멍 깊이 쑤셔 넣어 먹은 것을 모조리 게워냅니다.

그러고는 말끔한 기분으로 새로운 요리에 손을 댑니다. 이렇듯 끝 없이 이어지는 대향연 장면은 로마의 유명한 문학자 페트로니우스 (Gaius Petronius)의 『사티리콘(Satyricon)』이라는 소설 속에 상세히 묘사 되고 있습니다.

만약 우리가 로마인과 한 코스의 식사라도 함께했다면 아마도 녹 초가 되어버리겠지요. 이후 2, 3일간 기름진 음식은 쳐다보지도 못 할 것입니다.

중국에도 '주지육림'이라는 단어가 있습니다. 동서양을 불문하고 고대의 왕들이나 귀족들은 우리 같은 현대인이 감히 상상조차 할 수 없는 호화스러운 쾌락주의 생활에 탐닉했던 모양입니다. 지금은 따라 하려 해도 따라 할 방도가 없습니다. 시대가 내려오면서 쾌락 의 사이즈가 작아지는 것도 어쩔 수 없는 노릇입니다.


## 동양적 쾌락주의와 서양적 쾌락주의

이렇게 살펴보면 똑같은 '쾌락주의'라는 단어에도 실로 다양한 뉘 앙스, 다양한 종류가 있다는 사실을 이해하실 겁니다. 여기서 한 가 지 정리해볼 필요가 있을 것 같습니다.

정신력과 물질적 능력을 최대한 쏟아부었기에 기름기가 번질거 리고 생명력으로 가득 찬 서양적 쾌락주의가 있는가 하면, 물질적 욕망을 경멸하며 사회에 등을 돌린 채 자연을 벗 삼아 풍류 속에서 노니는 동양적 쾌락주의도 있습니다. 크게 나누면 이렇게 두 가지일 것입니다.

한편 동양적 쾌락주의와 서양적 쾌락주의의 대립을 다른 말로 표현해보자면 자연주의와 반자연주의의 대립이라고 할 수 있습니다. 동양의 은자들이 가졌던 이상은 자연을 벗 삼아 자연과 하나가 되는 것이었습니다. 반면에 서양식 인공낙원의 이상은 자연에 도전하고 자연을 정복하며 그 바탕 위에서 인간의 문명을 구축하는 것이었습니다. 거의 정반대의 방향입니다. 문명주의와 반문명주의라고 해도 좋을지 모릅니다. 물론 이 경우 전자는 서양의 이상이며, 후자는 동양의 이상일 것입니다.

물질문명이나 과학, 합리주의가 서양에서 발달했고 불교나 선종, 무사도 사상이 동양에서 발생했던 것도 생각해보면 당연한 일입니다. 동양에는 예로부터 반문명주의라는 이상이 있어서, 사회생활을 외면하고 정치에 개입하는 것을 싫어하는 사고방식이 존재했다는 점에 대해서는 앞서 언급한 바 있습니다. 요컨대 동양에서는 서양인이 그토록 존중하는 합리주의는 속물스러운 사고방식이라고 간주돼왔던 것입니다.

와일드의 탐미주의도, 보들레르의 이상이었던 '댄디'도 이른바 19세기의 산업혁명 이후의 기계문명이나 유물론 사상에 대한 반동으로 일어난 것입니다. 언뜻 보기에 동양의 은자 사상과 비슷해 보이는 측면이 없지 않지만, 자세히 들여다보면 상당히 다릅니다.

요컨대 그들의 사고방식은 어디까지나 반자연주의입니다. 애당초 인공낙원이라는 말은 보들레르가 만든 말이었습니다. 그 때문에 서양의 쾌락주의자에 대해 고찰할 경우, 그들 배후에 몇천 년이나 이어져온 거대한 물질문명이 존재한다는 사실을 결코 잊어서는 안 됩니다.

서양의 물질문명에 대한 반동으로는 미국의 비트족을 들 수 있습니다. 비트족의 반문명주의적 행동에 대해서는 앞에서도 언급한 바 있습니다. 19세기 말, 와일드나 랭보나 기타 데카당스 작가가 행했던 것을 비트족이 현대적인 형태로 부활시키고 있다고 말할 수 있습니다.

당연한 이야기지만 내가 여기서 설명한 두 가지 개념 — 즉 동양적과 서양적, 자연주의와 반자연주의, 문명주의와 반문명주의 등 — 은 모두 둘 중 어느 쪽이 더 탁월한지를 쉽사리 단정할 수 없는 것들입니다. 오히려 그것들은 서로가 서로를 부정하면서 변증법적으로 발전하는 성질을 가진 것으로 여겨집니다. 쾌락이란 그런 것이 아닐까 생각합니다.

# 제 4 장

## 성적 쾌락의 연구

# 제4장 성적 쾌락의 연구

　여기서 섹스의 쾌락에 대해서만 독립적으로 다루는 이유는 모든 인간의 쾌락 가운데 에로틱한 만족이야말로 가장 강도가 센 것이며, 동시에 가장 근원적이라고 믿기 때문입니다. 이 점에 대해서는 본문을 읽으시면 이해가 되실 것입니다.

　더욱이 나 스스로 항상 성애학(性愛学)을 철학적으로 고찰하고 있는 인간이라고 인식하기 때문에 연구의 일부분을 독자분들에게 발표하고 싶다는 유혹을 차마 떨쳐버릴 수 없다는 이유도 있습니다. 자기 선전은 이쯤에서 마치기로 하고.


## 양보다 질을

　성애는 보통 두 남녀 사이의 밀실적 관계입니다. 제3자는 그저 훼방꾼에 지나지 않습니다. 서로를 사랑하는 남녀는 충분히 이기적이기 때문에 주위에 있는 세간의 눈 따위는 전혀 개의치 않습니다. 전쟁이 발발하든 벼락이 내리치든 자기 둘만 함께할 수 있으면 충분합니다. 서로 사랑하는 인공낙원이란 그런 성질의 것입니다.

　성의 쾌락은 모든 쾌미(快美) 감각 가운데서도 가장 압도적이고 가장 강도 높은 만족감을 우리에게 선사합니다. 이런 사실에 대해선 구구절절 설명할 필요도 없습니다. 누구나 이미 알고 있는 자명한 사실일 테니까요.

프로이트도 "원시인들은 성애 생활과 성애 행위야말로 인간에게 가장 강렬한 만족 체험을 맛보게 해주는 것임을 알고 있었기에 행복(쾌락)이라는 것을 생각할 때는 항상 이런 방면의 만족 체험을 기준으로 삼았다"라고 언급한 적이 있습니다. 그러므로 쾌락이라는 표현만 가지고 곧바로 에로틱한 쾌락을 머릿속에 떠올린다고 해서 그 사람이 색광이나 색골은 아닐 것입니다. 안심하셔도 됩니다.

그런데 우리는 다양한 이유로 이런 최고의 만족 체험을 선사해주는 욕망을 무제한으로 추구할 수 없습니다. 불가능하다기보다는 금지되어 있습니다. 그 이유로 사회적, 물리적, 경제적 기타 다양한 제약들을 열거할 수 있습니다. 구체적으로 말하자면 강간이나 근친상간, 중혼 등입니다. 그러나 이런 반사회적 욕망은 차치하고 우리가 정상적인 성관계를 향유하는 경우에도 부딪치지 않을 수 없는 하나의 난관이 있습니다.

그것은 과연 무엇일까요. 인간이 가지고 태어난 육체적 조건입니다. 특히 남성의 성적 포텐츠(Potenz, 능력)란 것에는 일정한 한도가 있기 때문에, 예로부터 세계 각국에서 이 점에 대해서는 눈물겨운 노력이 행해져왔습니다. 남성이 자신의 생애에서 가장 많은 비애를 느낄 수밖에 없는 순간도 스스로의 포텐츠의 한계를 느낄 때일 것입니다.

인도의 요가 수행자는 혹독한 육체적 단련을 통해 페니스에 영묘한 힘을 부여할 수 있다고 합니다. 예를 들어 요도를 통해 물을 빨아올릴 수 있게 됩니다. 그런 곳에 같은 노릇을 한다고 무슨 도움이 될지는 모르겠으나, 정말이지 꿈같은 이야기입니다. 또한 중국의 염소(艶笑) 문학으로 명성이 자자한 『육보단(肉蒲団)』의 주인공은 자신의 페니스와 개의 페니스의 힘줄을 접합시키는 수술을 거쳐 '절대적 능력'을 획득합니다. 부럽기 짝이 없는 이야기입니다.

프로이트의 『꿈의 해석(Die Traumdeutung)』에 의하면 꿈속에 나오는 넥타이는 페니스를 상징한다고 합니다. 아래로 늘어져 있으며 남성만이 착용하기 때문입니다. 심지어 넥타이는 자기 취향에 맞춰 직접 자유롭게 고를 수 있습니다. 그러므로 넥타이를 사는 꿈을 자주 꾸는 남성은 자신의 페니스에 매우 불만을 가지고 있다는 증거라는 소리입니다.

종종 친구 집 장롱을 들여다보면 엄청나게 많은 넥타이가 매달려 있어서 깜짝 놀라는 경우가 있습니다. 본인은 득의양양이지만 전혀 그럴 일이 아닙니다. 이런 경우 "제법 근사한 넥타이들이로군"이라며 듣기 좋은 말을 해줄 필요는 없습니다. "맙소사, 엄청나게 모아두었군. 자네, 불만이 어지간한 모양이네"라고 말해주십시오. 친구가 의아하다는 표정을 지으면 "정신분석 좀 해봤지"라고 태연하게 대답하는 것입니다. 매우 지적인 괴롭힘으로 추천합니다.

하찮은 이야기지만, 그러나 남성의 포텐츠 문제는 매우 심각합니다. 웃어넘길 일이 아닙니다. 단순히 페니스의 크기, 길이의 문제만이 아니라 성교에서의 테크닉이나 스태미너가 특히 문제입니다.

카사노바의 『회상록』에 따르면 그의 최고 기록은 하룻밤에 6번, 프랭크 해리스(Frank Harris, 아일랜드 태생의 미국의 작가·언론인-역주)의 『나의 생애와 사랑(My Life and Loves)』에 의하면 하룻밤에 연속해서 무려 12번이라는 기록이 나와 있습니다. 호걸스러움을 보여주는 예라고 할 수 있는데, 가장 경탄스러운 기록은 프랑스 소설가 모파상(Guy de Maupassant)의 '하룻밤 20회 이상'이라는 초인적 기록이겠지요.

그러나 '횟수만 많다고 무슨 소용이 있느냐, 양보다는 질이 더 중요하다'라는 의견도 있습니다. 분한 마음에 부려보는 억지 같기도 하지만, 한편으로는 그런 측면이 없지 않습니다. 동양에서는 예로부터 1회의 성교에 투여하는 시간적 길이에 따라 섹스의 진수(진맛)를 느낄 수 있다는 현자의 철학이 중시돼왔습니다.

전후 미국에서도 프로이트의 제자로 알려진 정신분석학자 빌헬름 라이히(Wilhelm Reich, 1957년 사망)가 『오르가슴의 기능(The Function of Orgasm)』이라는 책을 써서 이 방면에 혁명적인 이론 체계를 구축했습니다. 라이히의 가설은 소설가 노먼 메일러(Norman Mailer)를 비롯한 미국의 젊은 예술가, 비트족 사이에 압도적인 지지자를 확보했고 새로운 세대의 섹스 바이블로 간주되었습니다.

라이히는 전투적인 학자였고 광신적인 구석이 있는 사람이었기 때문에, 세계의 정신분석학계로부터 완전히 보이콧을 당했습니다. 만년에는 기묘한 '오르곤 상자'라는 것을 발명해 "부인들의 그 어떤 불감증(Frigidity)도, 남성의 임포텐츠도 이 상자 안에 들어가 있으면 단박에 고쳐진다"라고 선전하는 바람에 졸지에 사기꾼으로 몰려 투옥되었다가 가엾게도 그곳에서 옥사해버렸습니다. 철저한 반역아였으며, 비극적인 운명을 지닌 인간이었습니다.

그러나 미국이나 프랑스의 젊은 학자, 예술가들 사이에서 라이히의 명예 회복은 꾸준히 진행되고 있습니다. 나는 그의 『오르가슴의 기능』이라는 책을 프랑스에서 주문해 읽었습니다.

라이히의 오르가슴 학설이란 과연 어떤 것일까요? 그것에 대해 설명해보겠습니다.


## 최고의 오르가슴을

"성행위 감각을 내 환자들에게 정확하게 기술하게 한 결과, 다음과 같은 임상적 확신을 얻을 수 있었다"라고 라이히는 쓰고 있습니다.

"즉 모든 환자들은 예외 없이 성행위에서 하나의 중대한 장애를 겪고 있었다. 특히 자신이 경험한 다수의 정사를 자랑삼아 떠들어대는 사내, 하룻밤에 몇 번이고 교접할 수 있다고 자랑하는 사내에게서 그런 경향이 현저했다. 그들은 분명 발기 능력 면에서 탁월하다. 그러나 사정을 할 때는 거의 쾌감을 동반하지 않았고, 경우에 따라서는 전혀 쾌감이 없는 경우도 있었다. 아니, 심지어 혐오감이나 불쾌감마저 동반되는 경우가 있었다. 그리고 행위 중의 남성의 머릿속 상념을 분석해보면 대부분의 경우 가학적(sadistic)이었으며 허세를 부리는 것 같았다. 자신이 강하다고 우쭐대는 사내의 입장에서 성행위란 여자를 정복 내지는 강간한다는 의미밖에는 없는 것 같았다. 그들은 자신이 사내라는 증거를 보이며 발기 상태를 최대한 지속시키려고 노력한다. 그것이 전부다'라고 말합니다.

실로 아이러니한 관찰 결과입니다. 라이히의 의견에 따르면 성교 횟수를 자랑하거나 돈 후안(Don Juan)처럼 방탕함을 떠벌리는 사내는 요컨대 자신의 강함, 남성다움의 증거를 보여주고 싶을 뿐입니다. 실제로 섹스의 쾌락을 충분히 즐기고 있는 것이 아니라는 말입니다.

요컨대 발기 능력과 사정 능력만을 아무리 자랑해도 매번 효과적인 오르가슴에 도달하지 않는다면 애당초 성적 쾌락의 의의가 대체 어디에 있느냐는 의문이 솟구칩니다.

들고 보니 그렇습니다. 그러고 보니 우리 같은 남성들은 어쨌든 최선을 다해 침실에서 여성에게 서비스(?)를 하고, 예컨대 "이제 충분해. 제발 좀 그만…"이라는 따위의 말을 듣고 싶어 합니다. 한편 여러 젊은 여성을 바꿔가며 호텔로 유혹하다가 "당신, 플레이보이로군요"라는 따위의 말을 듣고 우쭐해하는 경향이 있습니다.

그런 주제에 여성과의 교접을 통해 진정으로 완전한 성적 만족을 획득할 수 있을까요. 이 점에 대해서는 매우 의문스럽습니다. 의외로 라이히가 말하는 것처럼 그저 "허세를 부리고 있을" 뿐이며 오르가슴의 쾌감 따위는 문제가 아닐지도 모릅니다.

실제로 현대인은 모두 일종의 성적 노이로제(신경증)에 빠져 있으며, 성애 생활의 진정한 의의를 간과하고 있는 것 같습니다. 이런 가여운 풍조에 대해 빌헬름 라이히는 "오르가슴 능력을 회복하라!"라고 부르짖었습니다.

그는 말합니다. "오르가슴 능력이란 아무런 지장 없이 생물학적 에너지의 배출에 탐닉할 수 있는 능력이며, 육체의 상쾌한 불수의적 수축에 의해 쌓였던 성적 흥분의 모든 것을 완전히 방출할 수 있는 능력이다."

이해하기 쉽게 설명하면 다음과 같습니다. — 오르가슴에서의 쾌감의 크기는 성기에 집중된 성적 긴장의 양에 따라 결정된다. 만약 성적으로 흥분하는 과정에서 이 긴장의 양이 모조리 방출되지 않는다면 성적 에너지는 출구를 잃고 일종의 울혈 현상을 일으킨다. — 즉, 간단히 말해 욕구 불만의 덩어리가 정체되어 이것이 노이로제의 원인이 된다는 이야기입니다.

이상과 같이 오르가슴 능력이란 축적된 에너지를 완전히 방출해 이런 성적 울혈이 일어나지 않도록 하는 능력을 말합니다.

그렇다면 우리가 이런 오르가슴 능력을 회복하기 위해서는 어떻게 해야 할까요. 이것은 전문적이고 어려운 문제입니다. 애당초 내가 여기서 간단히 설명할 수 있는 호락호락한 문제가 아닙니다.

물론 개개인의 정신분석도 중요하지만 그보다는 사회 전체를 변혁해서 문명에서 소외된 산물인 성적 욕구불만(Frustration) 자체를 해소하지 않으면 위기에 빠져 있는 우리의 오르가슴 능력이 완전하게 회복되지 못할지도 모릅니다. "인간은 그 자신의 자연스러운 성적 기능을 파괴해버린 유일한 동물이다"라고 라이히도 지적하고 있습니다.

앞서 나는 "동물적으로 살아가는 것이 쾌락주의의 최고의 길이다"라는 의견을 언급했는데 섹스의 쾌락에 관한 한 동물적으로 살아간다는 것은 좀처럼 실행에 옮기기 어렵습니다. 우리에게는 수치심도 있고 정복욕, 허세도 있습니다. 사디즘이 있는가 하면 마조히즘도 있습니다. 오랜 문명의 과정을 거친 결과 실타래처럼 다양한 콤플렉스가 서로 뒤엉켜버렸습니다. 그것을 풀어헤치기란 쉬운 일이 아닙니다.

그러나 내가 거듭 반복해서 역설해두고 싶은 바는 인생의 온갖 쾌락의 원천인 에로틱한 쾌락의 진정한 의의가 어디에 있느냐는 점입니다. '하룻밤에 몇 번' 운운하며 성교 횟수만 무작정 읊어대거나 '1,000명 정복' 등 무턱대고 다수의 여성과 잠자리를 갖는 것만을 목적으로 삼아서는 안 됩니다.

성애 생활의 목적은 올림픽과는 다릅니다. 양보다 질이 중요합니다. 그러므로 1회의 오르가슴 안에 얼마만큼 고도의 쾌감을 끌어올릴 수 있는지가 가장 근본에 있습니다. 이른바 미학의 문제입니다.

노먼 메일러는 "오르가슴의 성질은 아마도 무한한 스펙트럼(Spectrum)이며 본질적으로는 아마도 변증법적일 것이다"라고 말하고 있습니다. 요컨대 오르가슴에는 무한한 단계가 있으며, 그 비밀의 통로만 발견해내면 얼마든지 고차원의 단계로 발전할 수 있는 성질의 것이라는 이야기입니다.

플레이보이도 좋지만, 성의 미학에 관한 내용이 애당초 저차원적이면 아무리 많은 여성을 정복해본들 진정한 쾌락주의라고 말할 수 없습니다. 우선 완벽한 오르가슴을 획득하는 것이 먼저입니다. 모든 것은 거기에서 시작됩니다.


## 정사(情死)의 미학

오르가슴이란 생리학적으로 말하자면 성적 흥분이 극치에 도달한 육체에서 일어나는 경련, 불수의근의 수축을 말합니다. 너무 무미건조한 표현이지만, 그러나 이는 남자든 여자든 마찬가지입니다. 성적인 에너지가 극점까지 치달아 오르면 경련과 함께 축적된 긴장감을 일거에 배출해버리는 순간이 옵니다. 그리고 그 순간이 지나면 순식간에 그(혹은 그녀)는 당장 터질 듯 충만해 있던 긴장감으로부터 해방감을 맛보게 됩니다.

해방감은 육체를 극심히 혹사시킨 이후에 오는 무력감과도 통하는 측면이 있습니다. 예로부터 유럽에서는 오르가슴을 '작은 죽음'이라고 부르곤 했습니다(물론 이 무력감은 여성보다 남성이 훨씬 많이 맛보는 모양입니다).

과거에 요시와라(吉原)에 있던 유녀들은 손님에게 기쁨을 선사하기 위해 행위 도중에 "죽어요, 죽을 것 같아요"라는 말을 토해냈다고 합니다. 에도의 센류(川柳, 서민층 사이에서 성행한 재치 있는 짧은 시-역주) 등에도 자주 등장하는 것처럼, 쾌락의 절정에서 '죽는다'는 소리가 나오는 것은 동서고금에 공통되는, 인간의 극히 자연스러운 연상 작용에 바탕을 두고 있는 것 같습니다.

한편 죽음과 에로스의 관계를 더더욱 깊이 심리학적으로 규명해보면, 우리 의식의 표층적인 부분에서는 쉽사리 인지되지 않지만 기실은 두 가지가 내면 깊숙이에서 은밀히 손을 잡고 있다는 사실을 알게 됩니다. 프로이트의 '죽음의 충동'이라는 학설입니다. 인간이 무익한 전쟁을 하는 것도, 종종 사랑하는 대상에게 상처를 내고싶은 욕망(사디즘)에 사로잡히는 것도, 결국 인간이 죽는 것을 내면 깊숙이에서는 은밀히 바라고 있기 때문입니다.

물론 인간에게는 강렬한 자기보존 욕구, 살고 싶다는 욕구가 존재합니다. 그러나 그보다 더더욱 깊숙이에서는 죽음의 충동이 꿈틀대고 있습니다.

아무리 사회보장이 완벽한 나라에서도 자살자가 끊임없이 나온다는 사실은 이 학설을 강하게 뒷받침해주고 있다고 할 수 있습니다. 그리고 위험한 산행을 결행하는 자, 자동차 곡예를 감행하는 스턴트맨, 고층 건물의 유리창을 닦는 사람들이 필요 이상으로 자신의 몸을 위험에 기꺼이 노출시키는 것도 이것밖에는 달리 설명할 방법이 없습니다.

여기서는 특히 정사의 문제에 대해 다뤄봅시다. 사랑하는 남녀가 서로 손을 잡고 두 사람만의 황홀한 섹스의 극치의 순간, 그대로 죽어버립니다. 정사의 이미지는 그야말로 프로이트의 '죽음의 충동'설의 가장 순화된, 가장 세련된 형식이지 않을까 싶습니다. 오르가슴의 절정에서 부르짖는 "죽을 것 같아요"라는 말도 어찌 보면 지극히 상징적인 의미를 띠기 시작합니다.

하지만 정사(혹은 동반자살)는 일본에서 특유한 습속이라고 여겨지고 있습니다. 일전에 나는 일본에 5년이나 체재 중이었던 젊은 프랑스인과 이야기를 나눴습니다.

프랑스인은 다음과 같이 말하며 무척이나 신기해했습니다. "유럽에서는 정사를 다룬 문학이 전혀 없다. 『로미오와 줄리엣』, 『트리스탄과 이졸데』, 『젊은 베르테르의 슬픔』 모두 이야기의 마지막에 연인 중 한 사람, 혹은 두 사람이 죽게 되지만, 분명 정사와는 확연히 다른 양상을 띤다. 어째서 일본에는 남녀가 서로 의논해 함께 세상을 떠나는 '정사'라는 기묘한 이중자살 형식이 문학에서든, 현실 사회에서든 이토록 발달해 있는가."

정말 그랬군요. 납득이 됩니다. 그러고 보니 외국에서는 정사를 다룬 문학이 거의 발견되지 않습니다. 학자의 가설에 의하면 유럽에도 정사의 예는 있다고 합니다. 하지만 그것이 눈에 잘 띄지 않는 것은 사실이겠네요. 그런데 일본에서는, 특히 에도 시대 지카마쓰 몬자에몬(近松門左衛門)의 '신주물(『소네자키신주[曾根崎心中]』처럼 남녀의 동반자살을 테마로 다룬 장르-역주)'을 비롯해 가부키(歌舞伎, 음악과 무용의 요소를 포함하는 일본 전통극-역주)나 조루리(浄瑠璃, 일본 전통 예능에서 이야기에 가락을 붙이고 반주에 맞춰 낭송하는 것-역주)에서도, 그리고 현실 사회에서도 정사는 매우 유행했습니다.

　에도 시대만이 아닙니다. 젊은 분들은 모를 수도 있으나, 다이쇼(大正) 시대에서 쇼와(昭和) 시대, 나아가 전후에 걸쳐서도 시마무라 호게쓰(島村抱月)·마쓰이 스마코(松井須磨子)의 동반자살, 오이소(大磯) 지역에서 발생한 동반자살(1932년 가나가와현 오이소에 있는 사카타산[坂田山]에서 일어난 동반자살 사건 및 여성 시신 도난 사건을 말하는 것으로 추정됨-역주), 다자이 오사무(太宰治)의 동반자살 등등 시대적 분위기를 상징하며 사회적 사건이 된 유명한 정사 사건이 끊이질 않았습니다. 대체 무슨 일일까요?

　그 이유로 우선 거론해야 할 점은 역시 일본 고유의 도덕의식, 내지는 미의식의 문제일 것입니다. 앞서 언급했던 것처럼 일본인은 연애에서든 예술에서든, 불교적 무상감이나 무사도적 금욕주의의 강렬한 영향에서 좀처럼 벗어날 수 없었습니다. 이는 결국 세간에 대한 의리나 인정을 중시하는 기풍, 죽음을 경시하는 기풍과도 일맥상통합니다. 니힐리즘이라기보다는 내세에 대한 신앙을 근거로 삼았던 염세주의라고 파악하는 편이 나을 것입니다.

　갑갑한 사회 속에서 우리 조상들은 곤란한 처지에 놓인 남녀의 연애, 그 최고 이상을 정사라는 미적 형식 안에서 발견했습니다. 나아가 이것을 문학이나 무대예술을 통해 더더욱 세련되게 발전시켰습니다. 봉건적이라는 표현을 쓸 수도 있겠지만, 나는 '정사'라는 사랑의 궁극적 형식에 그 누구도 부정할 수 없는 '아름다움(미, 美)'이 존재한다고 생각합니다.

서로 사랑하는 남녀가 그들을 위협하는 사회나 타인들로부터 완전히 등을 돌리고, 자신들만의 세계에 갇혀 섹스의 황홀경의 극치로서 '작은 죽음'의 순간을 그대로 아름답게 영원한 것으로 만들려고 합니다. ― 이것이 바로 '정사'의 의미입니다.

　나는 여기서 확실히 말씀드립니다. 오르가슴 미학의 최고의 이상은 정사일 것입니다. 성적인 에너지의 모든 것을 오로지 단 한 번의 성교로 완전히 방출해버린다면 그 뒤엔 죽음이 있을 뿐입니다. 일부일처제를 찬미하는 절대적인 인공낙원이자 성적 황홀경의 극한인 유토피아의 실현입니다. 에로스와 죽음의 본능이 여기서 비로소 하나가 됩니다. 어째서 정사가 일부일처제의 긍정으로 이어질까요. 연애를 한 번만에 끝나는 열정으로 간주해 죽음으로까지 승화시키려는 욕구가 있기 때문입니다. 죽으면 절대로 상대방을 배신할 수 없습니다. 죽음은 최고의 보증이며 헌신입니다.

　동반자살을 하는 남녀는 죽기 전에 반드시 섹스를 한다고 합니다. 생각해보면 지극히 당연한 일입니다. 이 순간 오르가슴과 죽음은 거의 동등한 가치를 가지고 있기 때문에 "죽을 것 같아요"라고 부르짖으면서 정말로 죽어버린다면 더 이상의 쾌락은 없을 것입니다.

　메이지 시대의 문학자 기타무라 도코쿠(北村透谷)가 다음과 같은 미문 조로 정사를 찬미하는 글을 쓰고 있습니다.

　"두 사람이지만 한 사람, 한 사람이지만 두 사람. 서로가 서로를 끌어안고 물속에 몸을 던지는 순간, 둘이 함께 안락한 경지에 다다르며 탁한 물도 마치 감로(甘露)를 맛보는 것이나 매한가지. 만사가 이것으로 끝나면 남는 것은 덧없는 세상의 허망한 이름뿐. 허망한 이름이란 무엇이랴. 아, 아름다움(미, 美)이다…."

'정사'의 이미지를 에로스라는 '쾌락의 극치'로 떠올리는 것은 이런 표현을 통해서도 이해가 되실 것입니다. 비단 나만의 독단적인 의견은 아니라는 이야기입니다.


## 난교의 이상향


그렇다고 해서 내가 오로지 일부일처제만을 '성(性)'의 이상으로 생각하고 있다는 소리는 결코 아닙니다. 그저 일 대 일의 절대적인 남녀관계를 생각할 경우, 최고로 순화된 이상적인 형태로 오르가슴이나 정사의 문제에 부딪치지 않을 수 없었다는 이야기일 뿐입니다.

"오르가슴의 성질은 본질적으로 변증법적이다"라고 노먼 메일러는 말했지만, 아마 쾌락이라는 것도 변증법적으로 발전하는 성질을 지녔을 것입니다.

그렇다면 다음으로 넘어가겠습니다. ― '성의 유토피아'에는 한쪽 편의 극단에 정사가 있고, 또 다른 편의 극단에 난교(亂交)가 있습니다. 난교의 문제에 대해 다루어봅시다. 난교란 말할 것도 없이 동일 장소에서 동시에 성립되는 복수의 성관계를 말합니다.

난교는 개인의 쾌락과 전체의 쾌락이 일치하는 매우 특수한 상황을 만들어냅니다.

원래 쾌락은 밀실 안의 것이기 때문에 타인의 참가를 허락하지 않았겠지만, 난교의 경우엔 사정이 전혀 다릅니다. 난교란 이른바 **광장의 쾌락**입니다. 체면이나 수치심이나 에고이즘을 내팽개친, 철저히 밝고 개방적인 것이기 때문입니다.

과거 그리스 각지에서 포도의 신 디오니소스를 기리는 축제가 행해졌습니다. 이것은 남녀 구분 없이 서로 뒤엉켜 술을 마시고 노래를 부르며 야단법석을 연출하는 '성'의 대향연이었습니다. 반쯤 벌거벗은 여성들이 웃음꽃을 피우며 거대한 돌로 된 남근을 메고 돌아다녔기 때문에 그런 난리가 없었습니다.

그리스 이외에서도 주로 고대의 농경민족 사이에서는 식물의 성장이나 곡식의 풍요를 기원하는 신성한 축제(祭り, 마쓰리)가 행해졌습니다. 이런 시기에는 가능한 온갖 성적 분방함, 난교가 공공연히 허용되는 관습이 존재했습니다. 지금도 유럽의 사육제(카니발)나 일본의 시골에서 행해지는 마쓰리 등에서는 그런 개방적인 분위기의 잔재가 다소나마 확인된다는 사실을 느끼실 겁니다. 식물을 기르는 자연의 힘과 남녀의 결합 사이에는 신비한 관련성이 있었습니다. 고대인들은 대지가 가진 풍요로운 힘을 기원하기 위해 무차별적인 난교에 몰입했다는 말이 될 것입니다.

현재에도 성적 향연 비슷한 것이 은밀히 행해지고 있는 모양입니다. 미심쩍은 나이트클럽이나 부르주아 사저 등에서 펼쳐지는 비밀파티에서는 남녀가 어수선하게 모여 앉아 어두침침한 곳에서 술을 마시거나 춤을 추거나 난교를 하거나, 혹은 친한 친구들끼리 서로 아내를 교환하면서 즐긴다고 합니다. 그야말로 성적 향연 자체입니다. 그러나 과거처럼 한없이 밝고 건강한 종교적 행사로서의 분위기는 완전히 상실되어버렸기 때문에 어딘가 모르게 퇴폐적이고 어두운 느낌을 지울 수 없습니다.

그러나 누구나 마음 깊숙이 은밀히 갈망하고 있는 '난교'라는 극단적인 섹스에는 철학적으로 깊은 의미가 있습니다. 약간 오버해서 말하자면 소유권의 폐지 및 계급 관념의 부정으로 이어지기 때문입니다.

아내나 남편도 사회적으로 보자면 일종의 소유물입니다. 타인이 맘대로 그 권리를 침해하는 것이 금지되어 있는 대상입니다. 그러나 난교라든가 아내 교환에 의해 이런 권리들을 기꺼이 자진해서 방기하는 것은 어떤 정화작용적인 기능이 있습니다. 누구나 신성불가침의 영역으로 생각하고 있는 권리를 우롱하거나 무시하는 것은 스스로가 만들어낸 사회적 구속(이것을 터부[Taboo]라고 말합니다)에 얽매인 인간에게 강장제적인 효과를 부여합니다. 마치 권태기에 접어든 부부가 간통의 이미지를 공상하면서 신선한 자극을 얻는 것이나 마찬가지입니다. 다른 점은 공상이 현실에서 이뤄진다는 점, 그리고 그런 현실에 합의한 부부가 함께 참가하고 있다는 점뿐입니다.

요컨대 누구나 마음속으로 자기도 한번 해보고 싶다고 생각하면서도 입 밖으로 차마 꺼낼 수 없었던 행위를 부부가 서로 의논한 끝에 많은 동료들과 이야기를 나누어 감행한다는 것일 뿐입니다.

또 한 가지 간과할 수 없는 중요한 점은 난교가 필연적으로 모든 인간을 나체로 만든다는 사실입니다. 왕이든 거지든, 사장이든 사원이든, 장관이든 운전사든, 사모님이든 여직원이든 아무런 차별이 없습니다. 벌거벗은 몸에 훈장을 늘어뜨리거나 알몸에 실크해트(실크를 사용해 만든 둥근 예장용 모자-역주)를 쓴다면 오히려 골계스럽기 짝이 없습니다. 기껏해야 등번호 정도 가능하겠지요.

물론 난교의 세계에서는 상대방에게 유혹을 당하면 절대로 거부해서는 안 된다는 철칙이 존재해야만 합니다. 쾌락을 중심으로 '완전 평등'의 세계가 성립되어 있어야만 합니다.

앞서 거듭 언급해왔던 것처럼 쾌락이란 개인적이고 독점적인 것입니다. 다수의 사람들과 좀처럼 나누기 어려운 성질의 것입니다. "네 이웃을 사랑하라" 따위의 말은 공염불에 불과합니다. 그러나 성애를 통해서만 인간은 적극적으로 타인과 융합할 수 있습니다. 타인의 고통이 자신의 고통이 되며, 타인의 쾌락이 그대로 자신의 쾌락이 되는 것은 성애의 세계에서만 가능합니다.

두 사람만의 쾌락을 무한한 다수에게 널리 퍼뜨리고 개인과 전체의 융화를 꾀하기 위한 아마도 유일한 방법이, 지금까지 언급해왔던 난교라는 에로틱한 형식이라고 생각합니다. 요컨대 어디까지나 개인의 쾌락을 존중하는 입장을 견지하면서도 동시에 각자가 보편적인 에로티시즘에 의해 모든 사람들과 관계를 가지며 마침내 전체의 쾌락으로 다가가는 방법입니다.

에로티시즘은 사과나 만두와 다릅니다. 나눠 먹을 수도 있고, 백 사람이 함께 맛볼 수도 있습니다. 정말 멋진 일입니다. 바로 이런 점에 난교의 커다란 의의가 있다고 생각합니다.

단, 밀실에서 광장으로 한 걸음 내딛기 위해서는 일단 수치심을 버려야 합니다. 질투심이나 독점욕도 버려야 합니다. 두 사람만의 밀실적 연애에 길들여진 우리에게는 좀처럼 쉽지 않은 일입니다.

그러므로 만약 이런 난교 제도를 완전한 형태로 영구적으로 실현하려면 반드시 소유권의 기초인 가정을 파괴해야만 하는 상황이 올 것입니다. 가정이라는 단위를 파괴하지 않는 한 사유재산제나 일부일처제가 폐지될 리 없으니까요.

그러나 설령 소유권이나 가정을 파괴해도 그 자체만으로 성의 완전한 자유와 완전 평등을 즐길 수 있을지는 매우 의문스럽습니다. 어째서일까요. 인간에게는 용모의 미추가 있으며, 육체의 특수한 매력이 있으며, 누구든 당연히 미인을 더 선호하기 때문입니다.

어쨌든 섹스에서의 난교라는 사상에 의해 개인과 전체의 융합을 표명한 독창적 사상가가 18세기 프랑스에 존재했습니다. 마르키 드 사드(Marquis de Sade)입니다.

사드의 소설 『쥘리에트 이야기 또는 악덕의 번영(L'Histoire de Juliette ou les Prospérités du vice)』 안에는 계속해서 쇼킹한 난교 장면이 나오는데, 그중에서도 특히 기상천외한 장면 하나를 소개해보겠습니다.

등장하는 것은 거세남, 반음양(남자와 여자의 생식기를 둘 다 가지고 있는 자웅동체-역주), 난쟁이, 80세의 노파, 노파의 네 살짜리 손주, 수컷 칠면조, 원숭이, 커다란 개, 암컷 산양입니다. 그리고 쥘리엣(여주인공)

과 그 친구들(두 명의 사내와 한 명의 여자)도 나옵니다. 총계 9명의 인간과 네 마리의 짐승이 실로 복잡미묘한 조합으로 난교를 하고 모조리 하나로 이어져 붙어 있습니다.

이런 식으로 많은 자들이 **이어져** 함께 향락하는 방법은 예로부터 알려져 있었습니다. 라틴어로는 스핀트리에('쇠사슬'을 의미)라고 부릅니다. 도대체 이들은 어떤 식으로 각자의 성기와 성기를 접촉시키고 있는지, 좀처럼 상상하기 어렵습니다.

그러나 사드의 섹스 철학이 어떤 것인지를 이해한다면 이 복잡한 난교의 수수께끼도 납득이 가실 것입니다. 그렇다면 다음에서 그것에 대해 설명해보도록 하겠습니다.


## 성감대의 확대


우선 첫 번째로 주목해야 할 것은 사드가 남성의 페니스, 여성의 질(Vagina)만을 성기라고 생각하고 있지 않다는 점입니다. 깜짝 놀라실지도 모르지만 일단 한번 들어봐주십시오.

인간의 몸에는 남자든 여자든 다양한 구멍이 뚫려 있습니다. 사드는 항문이든 구강이든, 혹은 그 외의 육체의 움푹 패어 들어간 곳이라면 모조리 질과 동격인 것으로 간주했습니다. 또한 그런 구멍에 삽입해야 할 돌기물에도 그저 단순히 남성의 페니스만이 아니라 입안에 있는 혀, 손가락, 혹은 잘 발달된 여성의 클리토리스 따위가 사용되고 있습니다.

요컨대 육체의 온갖 구멍과 돌기물을 활용해 즐기는 것입니다. 에로틱한 쾌락을 즐기기 위해서는 성기만 이용할 수 있다고 믿는 세상의 평범한 사람들로서는 도저히 생각할 수 없는, 복잡한 자세에 의한 난교가 비로소 가능해진 것입니다(물론 사드는 통상적인 남자와 여자의 성적 접촉만이 아니라 남자와 남자, 여자와 여자 등의 조합도 묘사합니다. 그런 것들에 대해 '징그럽다'라고 생각하는 분도 계실지 모르지만, 아무쪼록 잠시만 참고 읽어주시길 바랍니다. 내가 무슨 이야기를 하려고 하고 있는지, 결국 이해해주실 것이라 생각합니다).

남녀의 성별, 연령, 사회적 신분, 혈족관계 등 이 모든 것이 무차별적으로 뒤섞여 있을 뿐만 아니라 육체 전체가 쾌락을 위해 풀가동됩니다. ― 사드의 섹스 철학은 요컨대 이런 육체적 아나키즘(무정부주의)에 기초를 둔 것이었습니다.

사회 조직과 마찬가지로 인간의 육체 조직에도 계급제도가 존재하며, 분업도 행해지고 있는 모양입니다. 손은 일을 하는 기관, 혀는 맛을 보는 기관, 항문은 변을 배출하는 기관, 그리고 성기는 쾌락을 위한 기관이라는 식입니다. 만약 그렇다면 너무나 불공평합니다. 바지런히 일만 하고 조금도 즐길 일이 없는 기관이 생기니까요. ― 사드는 그렇게 생각해서 손이든 혀든 항문이든 결코 차별하지 않고 에로스의 쾌락에 참가시켜주었습니다.

애당초 이른바 성감대가 성기나 유방을 중심으로 한 협소한 범위만으로 한정되는 것은 매우 부적절합니다. 성감대를 육체 전체로 넓혀야 합니다. 육체 전체가 에로스화되었을 때 비로소 진정한 의미에서 인류의 쾌락이 증대되었다고 할 수 있겠습니다.

그러나 기존까지 인간 사회의 도덕은 육체 전체를 향락의 목적이나 수단, 혹은 도구로 사용하는 것에 대해 맹렬히 반대해왔습니다. 그런 식으로 육체를 자유롭게 사용하는 사람은 변태라든가 성도착자라든가 사디스트 따위로 일컬어지며 천박하게 치부되었습니다. "어머나, 징그러워"라든가 "불결해" 따위의 의견이 그렇습니다. 육체의 계급제도는 우아함을 가장한 사람들에 의해 견고히 지켜져 에로티시즘은 성기만의 좁은 범위에 한정되었고, 육체의 다른 대부분은 오로지 노동을 위한 도구로 전락했습니다.

이것이 바로 성기의 우위성에 철저히 얽매인 에로티시즘의 역사입니다. 성기만이 마치 전제군주처럼 특권적 지위를 누리며 온갖 쾌락을 독점한 상태입니다.

예컨대 『나의 생애와 사랑(My Life and Loves)』이라는 책을 썼고 탁월한 성의 탐구자이기도 했던 아일랜드 출신 미국 작가 프랭크 해리스마저도 어느 날 상대인 창부로부터 "어째서 미네트(프랑스어로 '새끼 고양이'라는 의미. 오럴 섹스를 가리킨다)를 하지 않지요?"라는 말을 듣고 당황했다고 합니다.

"우리 여자들은 남자들과 달리 금방 흥분하지 않거든요. 한동안은 혀로 귀여워해주세요."

여자는 이렇게 말했지만, 해리스는 오럴 섹스에 대해 뿌리 깊은 혐오감을 가지고 있었기 때문에 도저히 여자가 해달라는 대로 해줄 수 없었습니다. 하지만 훗날 그는 마침내 편견을 극복하고 입술과 성기를 접촉시키는 것에 대해 아무런 혐오감도 품지 않게 되었습니다. 그뿐만 아니라 오히려 이 방법을 극히 자연스러운 것, 즐길 수 있는 성행위의 변주(Variation)의 하나로 받아들이며 다음과 같이 고백합니다.

"어찌 된 영문인지 모르겠으나, 이 방법을 통해 평범한 사랑의 유희를 행할 때보다 훨씬 풍부하게 여자에 대해 알게 되었고 여성에게 독특한, 육감의 '밀물과 썰물'도 알 수 있었다."

요컨대 일단 한번 편견을 극복해버리면 아무리 징그럽고 변태적으로 보이는 행위도 극히 당연하고 자연스러워집니다.

참고로 오럴 섹스는 반데벨데(Theodoor Hendrik van de Velde, 네덜란드의 부인과 의사-역주)의 『완전한 결혼(Het volkomen huwelijk[The Perfect Marriage])』(세계적인 베스트셀러가 된 결혼 생활과 성행위의 매뉴얼 서적-역주) 안에서도 유효한 전희로 장려되고 있습니다. 성기에 입을 맞추는 것에 대해 박사는 다음과 같이 단언합니다.

"반대할 이유가 전혀 없는 행위다. 윤리적, 탐미적, 위생적으로 타당한 행위다."

현대의 젊은이들 사이에서 아마도 오럴 섹스는 전혀 신기하지 않은 행위일 것입니다. 통계적으로 봐도 교양 있는 인텔리일수록 이런 행위에 아무런 편견 없이 임하는 모양입니다.

사드가 소설 안에서 대담하게 묘사해주었던 것처럼, 우리는 육체의 계급제도를 철저히 타파해가야 합니다. 성기가 차지하고 있는 우위를 박탈해 모든 성감대를 부활시켜야 합니다. 쿤닐링구스(Cunnilingus, 입술과 여성 성기의 접촉)도 펠라티오(Fellatio, 입술과 남성 성기의 접촉)도 적극적으로 장려해야 합니다. 가능하면 등, 발바닥, 겨드랑이 밑, 배꼽, 콧구멍으로까지 성감대를 계속 넓혀가야겠습니다.

이게 대체 무슨 소리일까요? 아이의 세계, 놀이의 세계로 돌아간다는 말입니다. 누구나 알고 있는 것처럼 아이의 세계에는 고단한 노동이라는 것이 없습니다. 아이의 세계는 거의 완전히 '쾌락 원칙'(제1장에서 설명했습니다)에 종속된 세계입니다.

아이가 손발을 움직이거나, 벌거벗은 채 여기저기를 뛰어다니거나, 소리를 지르거나, 손가락을 빨거나, 똥을 싸고 오줌을 싸거나, 때로는 울음보를 터뜨리는 것도 모두 어른들의 에로틱한 쾌락에 필적할 만한 쾌락입니다.

특히 입이나 항문은 프로이트도 명확히 밝히고 있는 것처럼 아이의 가장 중요한 성감대입니다. 그러나 육체의 다른 모든 부분들도 어린아이에게는 성감대의 기능을 맡기에 충분한 능력을 가지고 있다고 생각되고 있습니다.

육체의 무차별적인 에로스화에 의해 마치 아이의 세계에 있는 것처럼, 괴로운 노동이 모조리 즐거운 놀이가 될 수 있습니다. 요컨대 사회적으로 유용한 일이 동시에 개인의 욕망을 사정없이 만족시켜주는 일종의 쾌락으로 바뀌는 것입니다. 예컨대 오피스에서 타이프라이터를 두드리는 타이피스트 여직원은 자신이 움직이고 있는 손가락을 통해 에로틱한 쾌감을 맛봅니다. 타이프라이터는 마치 그녀의 귀여운 연인 같은 존재가 됩니다. 항만 하역 노동자는 무거운 짐을 짊어진 어깨에서 짜릿한 황홀감을 느낍니다. 마치 볼륨 넘치는 글래머 미인을 짊어진 것 같은 심정입니다.

그런 식으로 인간의 손가락이나 어깨, 그 이외의 온갖 곳이 감도 높은 성감대 같은 성질을 띠게 된다면 모든 노동이 즐거워지면서 매력적인 쾌락의 원천이 될 것입니다.

현재 인간이 다른 인간과 에로틱한 관계를 가지는 것은 노동의 여가시간으로만 국한되어 있습니다. 샐러리맨은 온종일 사무실에서 근무하다 밤이 되면 가정으로 돌아간 후 그제야 잊고 있던 자신의 성애(性愛) 생활을 떠올립니다. 아니, 피곤해진 상태라면 모조리 잊어버리고 잠들어버릴지도 모릅니다. 가엾고 비참한 성애 생활입니다. 인간 생활 전반에서 성애 생활이 차지하는 비중은 현저히 감소하고 있다고 보지 않을 수 없습니다.

노동이 세분화되면서 인간의 육체적 기능 역시 더더욱 비에로스적으로 세분화되는 듯합니다. 인간의 육체는 노동에 짓눌려 성감대로서의 기능을 상실하며 더더욱 에로스로부터 멀어집니다. 아무래도 성기만이 가까스로 에로스가 깃든 장소로서의 지위를 그나마 유지하고 있는 것처럼 보입니다.

성기조차 만족스러운 오르가슴을 느낄 수 없게 된다면, 이외의 기관들과 마찬가지로 이미 쇠퇴하고 있는 중인지 의심해보고 싶어집니다. 마치 오래된 건전지처럼 인간의 육체에서 에로스만이 빠져나가버린 것만 같습니다. 다시 한 번 인간의 육체에 에로스를 충전시킬 필요가 있겠습니다.

　대부분의 사람이 자신이 좋아하는 직업을 맘껏 골라 기쁜 마음으로 노동에 임하고 있는 것이 아니라, 단지 경제적 이유로 내키지 않는 일을 억지로 하고 있습니다. 이는 에로스의 절대량이 부족하기 때문일 것입니다. 노동 혐오의 풍조는 문명의 소외와 보조를 맞추고 있습니다.

　어떻게 하면 노동 혐오라는 이런 풍조를 역전시켜 '내키지 않는 노동'에서 '매력적인 노동'의 가능성으로 바꿀 수 있을까요. 어떻게 하면 노동과 놀이를 일치시킬 수 있을까요. — 이것은 일종의 유토피아 논쟁임에 틀림없지만, 역시 인간의 에로스적 역량의 해방, 성감대의 확대에서 그 해답을 찾을 수밖에 없습니다. 그리고 쾌락주의의 궁극적 목표도 이것 말고는 찾을 길이 없을 거라고 생각합니다.

## 쾌락주의는 휴머니즘을 부정한다

　지금까지 언급된 내용을 순서대로 읽어오신 분들 중에는 나의 논점이 세간의 상식과 매우 어긋나 있음을 눈치 채신 분이 계실지도 모릅니다.

　나는 지금까지 '동물적으로 살 것'을 권하거나 '은자의 이상'을 격찬하는 말투를 나도 모르게 흘려버리고 말았습니다. '정사의 미학'

을 찬미하거나 '난교의 유토피아'에 대해 생각해보기도 했습니다. '성감대의 확대'를 통해 에로스적 역량을 무제한적으로 해방시키자고 부르짖기도 했습니다.

이런 테마에 보이는 공통된 성격은 과연 어떤 말로 표현해야 좋을까요.

한마디로 말하자면 '안티 휴머니즘(반인간주의)'라고 불러야 합니다. 20세기의 쾌락주의는 휴머니즘이 아니라 '안티 휴머니즘'을 지향해야 한다고 생각합니다.

이게 대체 무슨 말일까요. '인간의 한계를 돌파하고 인간을 인간 이상의 존재로 만든다'라는 이야기입니다. 그러려면 우선 제거해야 할 **편견**이 있습니다. 예컨대 인간의 죽음에 대한 태도, 섹스에 대한 태도는 이런 휴머니즘적인 편견으로 가득 차 있습니다. 내가 이 책에서 자살의 문제나 프로이트의 '죽음의 본능'설 등을 계속 다뤘던 것도 그 때문입니다.

앞에서도 말씀드린 것처럼 '**어떻게 죽을까**'라는 문제는 고대 그리스 윤리철학자들의 최대 관심사였습니다. 또한 종교에 의존하지 않고 이 문제에 대해 가장 진지하게 논했던 사람이 바로 에피쿠로스를 비롯한 쾌락주의자들이었다는 사실에 주목할 필요가 있습니다.

그런데 근대의 생산성 사회는 '**어떻게 살까**'라는 것에만 신경을 쓰면서 죽음에 대한 상념을 삶의 저편으로 내던져버리는 데 급급했습니다. 죽음은 아득히 먼 무한한 저 너머에 있기 때문에 마치 영구히 찾아오지 않을 존재라도 되는 듯합니다.

예를 들어 생명보험에 가입한 사람은 저 멀리에 있는 **자신의 죽음**을 금융자본가의 손에 맡겨버린 꼴이 아닐까요. 돈을 지불하면서 자신의 죽음을 그에게 내맡기고, 들뜬 기분으로 행복하고 건강한 상태로 악착같이 일하면서 처자식과 함께 소소한 레저 따위를 즐기고 있습니다. 그렇다고 내가 지금 당장 자기 집(마이 홈) 거실에 불단을 만들어야 한다고 주장하고 있는 것은 아닙니다. 그러나 요즘엔 너무 심하다는 생각도 됩니다. 약간 백치에 가까울 정도로 쾌활한 생활양식이 구가되고 있다고 느껴집니다. 그렇지 않습니까? 다시 없이 소중한 자신의 죽음까지 돈으로 환산해 한 가정의 번영을 위한 기회로 이용하려 들다니요. 참으로 무시무시하고 천박한 물질주의가 판을 치고 있는 상황입니다.

죽음의 상념을 깔끔하게 **소독**하고 온갖 도덕적 퇴폐나 악의 싹을 송두리째 뽑아내어 진보주의라는 이름의 DDT(살충제의 일종-역주)를 사방에 뿌리며 **살균 처리**까지 해주었다는 점에서 마르크스주의도 조금 전에 언급한 생명보험의 '마이 홈 주의'와 조금도 다를 바가 없습니다. 그런데 이게 웬일입니까. 그렇게 완벽히 청정하고 결백한 장소는 그들의 환상 속에서밖에는 존재하지 않습니다.

죽음의 극복이라는 문제에 부딪치면 마르크스주의 철학조차 한 순간에 창백해지며 답보 상태에 빠지지 않을 수 없습니다. 대략적으로 말하자면, 이성을 무기로 하는 휴머니즘의 온갖 철학이 죽음이라는 심연을 앞에 두고 그 공포와 매혹을 감히 견뎌낼 수 없는 것입니다. 싸구려 신흥종교가 여전히 개인들에게 구원의 힘을 발휘할 수 있었던 것은 바로 이 휴머니즘 철학의 한계 때문이지 않았을까요.

발 언저리에서 커다란 입을 벌리고 있는 죽음의 심연을 직시하지 못한 채, 어떻게든 그것을 비켜가려고만 하는 쾌락주의 철학은 모조리 엉터리라고 생각합니다.

제3장에서 언급했던 것처럼 에피쿠로스가 "죽음은 우리와 무관하다"라고 단언할 수 있었던 것도 죽음을 냉정하게 응시하며 그것이 물리적, 생물학적 현상 이외의 아무것도 아니라는 사실을 깊이 이해했기 때문입니다. 죽음은 무시무시한 얼굴을 하고 있지만, 동시에 다정한 얼굴도 하고 있습니다. 달콤한 목소리로 우리에게 계속 말을 거는 경우도 있습니다. 허둥대지 말고 죽음의 얼굴을 똑바로 바라봐야 합니다. 마치 여성의 얼굴처럼 다정하게 보이는 순간조차 있을지 모릅니다. "어쩌면 죽음은 우리의 고향이 지 않을까." — 그렇게 생각하는 순간 휴머니즘은 엄청난 소리를 내며 붕괴합니다….

생존의 위험에 직면했을 때, 인간이 취할 수 있는 태도엔 두 가지가 있습니다. 한 가지는 자신을 위협하는 위험에 대항할 수 있을 강력한 힘(에너지)을 몸에 비축하려는 태도, 또 하나는 이런 위험을 억지로 은폐하고 억압하면서 그것으로부터 눈을 돌리려는 태도입니다. 우리의 인간주의적 문명, 주지주의적 문명은 오래전부터 이런 위험을 굳이 직시하려 하지 않고, 오히려 이것을 억지로 억압하려고 해왔습니다. 요컨대 두 번째 입장을 계속 취해왔던 것입니다. 구체적으로 말하자면 르네상스나 과학, 진보 사상은 모두 이런 두 번째 입장에 선 것들입니다. 그 이전의 중세라는 시대는 문명 원리로 '죽음'이 지배했던 시대였습니다. 바야흐로 다시금 문명 원리를 송두리째 역전시켜 중세의 원리, 죽음의 원리를 중핵에 두는 철학을 구축해야 할 시점일지도 모릅니다.

'인간을 인간 이상의 존재로 만든다'라고 나는 앞서 썼습니다. 그것은 인간의 존재 양식의 변혁인 동시에 인간의 육체적 조건의 근본적인 변혁이어야만 합니다. 성감대의 확대 따위는 그를 위한 하나의 유력한 계기가 될 수 있습니다. 나는 에로스의 역량을 해방시키면 그만큼 인간은 죽음과 친하게 교류할 수 있게 될 거라고 믿는 사람입니다. 죽음과 에로스는 방패의 양면입니다. 정사 문제 따위는 그 극단적인 일례에 지나지 않습니다. 종교가 아니라, 죽음에 대한 인간의 의식을 근본적으로 변혁할 수 있는, 뭔가 예측하기 어려운 새로운 **영혼의 과학**은 도저히 발견되지 않을까요? 그런 과학을 긴급히 만들어내야 하지 않겠습니까?

현재까지의 역사를 대략 돌아보면 영혼의 과학을 적극적으로 만들어내고자 노력했던 인간이 적지 않게 발견됩니다. 우리에게 커다란 희망을 주는 부분입니다. ─ 중세의 연금술이나 그노시즘 (Gnosticism, 영지주의)의 마술사 사상, 인도 요가 수행자의 이상, 자력종 (自力宗)의 즉신불 사상, 혹은 니체의 '초인'이라는 이상, 랭보의 '견자 (見者, Voyant)'의 이상 등에 대해 아시는 분도 계실지 모르겠습니다.

인간에게 남겨진 마지막 귀중한 재산은 생명이 아니라 죽음일지도 모릅니다. 나는 이런 생각을 이전부터 가지고 있었습니다.

휴머니즘에 대해 설교하는 대학교수나 평론가 선생님은 보험회사 신봉자(Ideologue, 요컨대 보험판매원)나 마찬가지입니다. 생명이야말로 인간의 마지막 재산이라는 미신을 퍼뜨리고 다닙니다. 신뢰할 수 없는 이야기입니다. 왜냐하면 살아 있다는 사실 자체를 자연의 에로스적 활동으로 간주할 경우, 끊임없는 삶의 소비, 끊임없는 '작은 죽음'의 연속일 것이기 때문입니다.

미신에 속아 소중한 자신의 죽음을 자본가 무리에게 맡겨버려서는 안 됩니다. 자신의 죽음을 스스로 장악하는 것, 그리고 자신의 죽음을 그 누구에게도 넘기지 않겠다고 굳게 결심하는 것, 이것이야말로 일찍이 **영혼의 과학**을 만들어내고자 악전고투했던 사람들의 결의이며, 동시에 내가 권하고 있는 반인간주의적 쾌락주의의 근본원리이기도 합니다.

자본주의 세상에서 인간이라는 개념은 오로지 노동이나 생산에 의해서만 규정당하기 마련입니다. 나달나달해질 정도로 닳아버린 가엾고 앙상한 잔해만 고스란히 노출하고 있습니다.

'동물적으로 사는' 것을 적극 권장하는 이유는 이렇게 나달나달해진 **인간성**을 대신해 자연과 생명력을 나타내는 **동물성**이 바야흐로 놀이와 순수 소비에 대한 지향을 단적으로 표시해주는 것이 되었다고 생각하기 때문입니다.

아이의 세계로 돌아가는 것, 혹은 에로스 역량의 해방도 '동물성'이라는 이념과 일직선으로 이어져 있습니다. 나아가 앞서 언급했던 마술사나 수행자, 초인의 이상도 이런 이념의 연장선상에 있을 것입니다. '안티 휴머니즘'이라는 것은 이상과 같은 의미입니다.

성적 쾌락의 연구는 죽음에 대한 연구와 도저히 분리해서 생각할 수 없습니다. 실은 이제부터 한발 더 나아가 살인의 연구, 사디즘이나 마조히즘 연구까지 나아가야겠지만, 이런 흥미로운 테마들에 대해서는 후일을 기약하도록 하겠습니다.

# 제5장

## 쾌락주의의 거장들

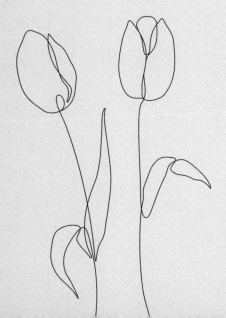

# 제5장 쾌락주의의 거장들

이 장에서는 탁월한 쾌락주의자로서 충실한 일생을 보냈던 역사상의 위대한 인물들, 그야말로 쾌락주의의 거장들에 대해 살펴보기로 하겠습니다. 그들은 모두 고도의 지성과 세련된 미의식, 단호한 결단력과 에너지 넘치는 행동력을 갖춘 사람들이었습니다. 이런 네 가지 조건을 겸비해야만 인간은 비로소 날개를 얻은 것처럼 쾌락주의적인 우주의 저 멀리 높은 곳까지 날아오를 수 있습니다.

이 장에서는 지금까지 추상적으로 검토되었던 쾌락주의 철학이 여러 거장들에 의해 현실 생활 속에서 어떻게 구체적으로 **살아나는 지** 보시면 될 것 같습니다. 이른바 쾌락주의 철학의 응용편이라고 할 수 있습니다.

## 최초의 자유인 – 술통 속의 디오게네스

유럽 철학사 가운데 가장 먼저 나타난 기인 중의 기인은 시노페의 디오게네스(Diogenes, 기원전 323년 사망)로 여겨집니다.

디오게네스는 그리스의 식민도시 시노페에 거주하는 부유한 환전상의 아들로 태어났습니다. 그러나 젊은 시절, 아버지가 나라에서 위탁받은 공금을 다시 주조해 가짜 돈을 만든 것이 발각되는 바람에 공모자라 할 수 있는 디오게네스도 시노페에서 쫓겨나 아테네로 오게 됩니다. 워낙 악명이 자자한 무뢰한이었는데 훗날 철학자로 변신했으니 태생부터 별난 인물입니다.

철학자라는 호칭이 무색하게 디오게네스는 참으로 방약무인하고 제멋대로였던 삶을 끝까지 관철시키려고 했습니다. 어느 날 그는 쥐 한 마리가 사방을 누비고 다니는 것을 보며 이렇게 생각합니다.

"쥐는 딱히 잠자리 근심을 하지 않아. 어둠도 두려워하지 않지. 맛난 것을 원하지도 않고. 이게 바로 인간의 길인 거야!"

이런 깨달음을 얻은 후 그는 최대한 간소하고 욕심 없이, 자유로운 삶을 살아가려고 했습니다. 요컨대 동물적으로 살아가기로 결심했던 것입니다. 여름이건 겨울이건 너덜너덜한 단 한 벌의 옷을 걸친 채, 밤이 되면 그 누더기를 이불 삼아 잠을 청하곤 했습니다. 집도 없이 술통 안에 들어가 살았습니다. 이사하고 싶어지면 술통을 데굴데굴 굴려 어디로든 초연히 떠나버립니다. 그래서 그는 '술통 속의 철학자'라고 일컬어졌습니다.

배가 고프면 시장의 인파 속에서도 아랑곳하지 않고 음식을 꺼내 태연히 먹었습니다. 당연히 접시 따위는 쓰지 않았습니다. 마치 거지처럼 사람들에게 받아먹는 경우도 있었고, 신전에 바쳐진 공물에 손을 대는 일도 있었습니다. 인색한 사람이 적선해주지 않으면 화가 난 디오게네스는 "난 지금 이 순간 먹을 게 필요해. 장례식 비용을 내달라는 말이 아니야!"라고 호통을 쳤습니다. 철학자의 당연한 권리로 당당하게 먹을 것을 요구했던 것입니다.

가장 기겁할 일은 그가 몇몇 제자들과 함께 아테네 광장에서 백주 대낮에 당당히 집단 자위행위에 푹 빠져 있었다는 사실입니다. 구경꾼이 잔뜩 몰려들었지만 그는 전혀 동요하는 기색도 없었습니다. 그리고 "배가 고플 때도 이것과 비슷한 방법으로 배를 마찰해 위장의 욕망을 가라앉힐 수 있다면 얼마나 좋을꼬"라고 중얼거렸다고 합니다.

수치심이나 허영 따위를 이토록 철저히 짓밟아버린 사람도 좀처럼 보기 드물 것입니다. 이것만으로도 그가 그리 호락호락한 인물이 아니라는 사실을 짐작할 수 있습니다(물론 우리가 긴자 한복판에서 디오게네스 흉내를 냈다가는 곧바로 공연음란죄로 경찰에게 끌려가버릴 것이므로 아무쪼록 주의하시길 바랍니다).

아울러 디오게네스는 스스로를 '세계시민'으로 임명했습니다. 그리스어로 말하면 '코스모폴리티스'입니다. 그리고는 세계시민주의라는 견지에서 여성은 모두 남성의 공유물로 해야 한다고 주장했습니다. 성애의 공산주의를 주장한 최초의 철학자는 아마도 디오게네스였을 것입니다.

당시 그리스에는 '헤타이라(Hetaera)'라고 불리던 재색을 겸비한 직업적 접대여성이 존재했습니다. 그들은 귀족이나 예술가, 철학자들과 자유롭게 교제했는데, 이런 '헤타이라'들 사이에서 디오게네스는 희한하게도 인기가 있었던 모양입니다.

왜냐하면 정치가 알키비아데스(Alcibiades)의 정부로 명성이 자자했던 아름다운 창부 라이스가 어느 날 디오게네스의 술통 거주지 안으로 은밀히 들어와 공짜로 그에게 속살을 허락했다는 전설이 남아 있기 때문입니다.

어쩌면 라이스는 자유분방한 야인 생활을 과시하는 이 철학자의 남성적 매력에 빠져버렸던 것일지도 모릅니다. 하지만 상습적인 자위행위자가 그리스 제일의 미인을 과연 어떤 식으로 술통 안으로 맞아들였을지, 상상만 해도 흥미진진합니다.

알렉산드로스(Alexandros) 대왕과 그의 대화는 유명해서 다들 잘 알고 계시겠지요.

대왕이 술통으로 된 그의 주거지에 찾아오자 디오게네스는 마침 땅바닥에 드러누워 햇빛을 쪼이고 있었습니다. 많은 사람들이 접근하는데도 그는 도무지 일어서려고 하지 않습니다. 대왕이 먼저 입을 열어 말했습니다.

"나는 대왕 알렉산드로스라네."

"나는 개 디오게네스라네."

'개'란 그의 별명이었습니다. 대왕이 다시 묻습니다.

"그댄 내가 무섭지 않은가?"

"그댄 선한 인간인가?"

"그렇다네."

"그렇다면 선한 인간을 어째서 두려워할 필요가 있을지…."

마지막으로 왕이 말했습니다.

"바라는 게 있다면 말해보게나."

그러자 디오게네스는 한쪽 손을 들어 대왕에게 비켜달라는 시늉을 하면서 말했다고 합니다.

"그럼 제발 좀 비켜주시오. 거기 서 있으니 해가 가려서."

일본의 전래동화 '모노구사 다로(ものぐさ太郎)'의 서양 버전쯤 될 것입니다.

디오게네스는 90세의 나이로 문어를 먹다 죽었다고 전해지고 있습니다. 일설에 의하면 자살이라고도 하는데 확실하지는 않습니다.

어쨌든 죽는 것까지 도무지 범상치 않았던 모양입니다.


디오게네스가 살던 무렵엔 종달새도 있었겠지만

요즈음엔 참새조차 울지 않누나

아, 누군가 찾아와 나를 구해주면 좋으련만


이 시는 일본의 데카당스 시인 나카하라 주야(中原中也)의 절창(絶唱)입니다.


## '취생몽사(醉生夢死)'의 쾌락 – 술의 시인 이백

이백(李白, 701~762)은 술의 시인으로 유명합니다. 일본에도 나라(奈良) 시대의 오토모노 다비토(大伴旅人)가 술을 예찬하는 시를 다수 지어 술의 시인으로 잘 알려져 있지만, 이백은 그보다 좀 더 철저히 술에 대해 읊었습니다.

이백은 중국의 당나라 시대에 살았던 사람입니다. 현종 황제나 양귀비가 전성기를 구가하던 무렵으로, 중국이 세계적으로 가장 강대한 문화국가를 구축했던 시대입니다. 젊은 시절 여러 곳을 전전하던 끝에 문학적 재능을 인정받아 당나라 수도 장안에 입성한 이백은, 마침내 현종 황제의 측근이 되어 당당한 위세를 자랑했습니다. 그러나 주변 상황을 돌아보지 않고 걸핏하면 마찰을 일으키는 천성 때문에 순식간에 실각했고, 이후 궁중에서 쫓겨나 다시금 마음 내키는 대로 방랑 생활을 시작하게 되었습니다.

그러는 동안 이백은 매일같이 술독에 빠져 방탕하기 그지없는 처신을 하고 다녔습니다. 백주대낮에 고주망태가 되어 길 한가운데서 잠들어버리거나 거나하게 술기운이 오른 상태에서 궁중에 들어가는 경우도 있었습니다. 당나라 궁정의 추한 다툼이나 자신을 모함하려는 사람들의 음모에 환멸을 느껴 일부러 어이없는 행동을 했다는 의견도 있지만, 때로는 황제를 향해 거침없이 무례한 언사를 내뱉거나 장안의 귀족 자제와 번화가에서 **화려한** 행동을 연출할 정도였던 것을 보면, 피가 뜨거운 성격은 아마도 천성적인 기질로 여겨집니다. 말술을 마셨다는 평판이 시중에 자자해서 당시 사람들은 그를 주선옹(酒仙翁, 술 좋아하는 할배-역주)이라고 불렀습니다.

이백의 친구이자 역시 유명한 시인인 두보(杜甫)가 술에 취한 이백에 대해 다음과 같이 읊고 있습니다.

이백은 술 한 말에 시를 백 편 쓰며
장안의 저자 술집에서 곯아떨어지기 일쑤
천자가 불러도 배에 올라타지 않으며
'신은 술 마시는 신선'이라 지칭하누나

술 한 말을 꿀꺽꿀꺽 마시며 순식간에 시를 백 편이나 지어버린답
니다. 대단한 시인입니다. 물론 이것은 '백발삼천장(白髮三千丈, 이백의
추포가[秋浦歌]-역주)' 수준의 과장된 표현이지만, 이백은 왕후 귀족의
연회석만이 아니라 저잣거리의 주루(酒楼, 요정-역주), 이른바 호희(胡
姬, 서역 여성-역주)가 나오는 이국적인 무드의 술집에도 자주 출입했
던 모양입니다.

그 무렵 국제도시였던 장안에는 중앙아시아, 페르시아, 아라비아,
인도, 일본 등에서 다양한 머리 색을 한 다양한 민족들이 모여들었
습니다. 특히 서방의 이란 계통, 아리아 계통의 사람들을 뭉뚱그려
호인(胡人)이라고 부르며 신기해했습니다. 이백을 비롯한 시인들은
그런 호인 여성, 즉 새하얀 피부를 가진 호희가 호스티스로 나오는
술집을 무척 좋아했던 모양입니다.

'장안의 저자 술집에서 곯아떨어지기 일쑤'라고 두보의 시에도 나
와 있는데, 어쩌면 그는 하얀 피부와 푸른 눈을 가진 미인의 무릎을
베개 삼아 잠들었을지도 모릅니다.

요시카와 고지로(吉川幸次郎)에 따르면 이백의 쾌락주의는 "다른
중국 시인의 경우와 마찬가지로 세계의 추이, 인생의 추이, 그것에

대한 슬픈 반발로 짧은 인생을 의미 있게 채우려는 태도에서 비롯된 것임을 알게 해준다"라고 파악되고 있습니다. 그가 술을 마셨던 것도 인생이라는 거대한 꿈을 좀 더 유쾌하게 만들기 위해서였습니다.

> 일 년 삼백육십 일
> 날마다 취하기를 진흙과 같더라
> 비록 이백의 아내라고는 하나
> 태상(太常)의 처와 무엇이 다르리오

'아내에게 보내다(贈内)'라는 제목을 지닌 이백의 오언절구입니다. 한평생 술에 취해 방랑 여행을 계속했던 시인이 자신의 아내에게 보내는 유머러스한 배려와 측은지심이 담긴 노래입니다. '태상(太常)'이란 궁중에서 신을 모시는 관리를 말합니다. 항상 정갈한 몸과 마음으로 신을 모셔야 하는 까닭에 여자와 동침을 할 수 없는 처지였습니다. 가엾게도 이백의 아내 역시, 매일같이 남편이 고주망태가 되다 보니, 신을 모시는 아내와 마찬가지로 좀처럼 남편 가까이에 갈 수조차 없었습니다. 그런 의미의 시입니다.

이백의 죽음에 대해 무척이나 그와 어울리는 전설이 예로부터 전해 내려오고 있습니다. 술에 취한 그가 배에 올라 타 채석기(采石磯)라는 곳으로 왔을 당시, 물에 비친 달 그림자를 잡으려다 그만 배에서 떨어져 익사했다고 합니다.

# 펜은 검보다 강하다 - 독설가 아레티노

피에트로 아레티노(Pietro Aretino, 1492~1556)는 뼛속 깊이 르네상스의 자유로운 정신이 각인되어 있던 대담무쌍한 문학자입니다.

문학자라는 명칭이 무색하게, 제대로 된 예술 작품이나 우아한 연애시 따위는 단 한 줄도 쓰지 않았습니다. 그가 부지런히 써내려갔던 것은 하나같이 적을 곤경에 빠뜨리기 위한 비방문서, 현실의 추악함을 폭로한 풍자 작품, 그리고 더할 나위 없이 노골적이고 **외설스러운** 시뿐입니다. 이 사람만큼 신랄한 눈으로 시대를 관찰한 사람도 없을 것입니다. 이런 이유로 그는 어떤 의미에서 저널리스트의 원조라고 일컬어지고 있습니다. 삼류 주간지나 저속한 신문에 사회의 이면을 폭로하는 저널리스트가 존재한다면, 그는 아레티노의 전통을 계승한 사람이라고 할 수 있습니다.

물론 르네상스 시기에 '프라이버시 권리' 따위는 존재하지 않았습니다. 그 때문에 천재적 독설가 아레티노는 마음껏 실력을 발휘할 수 있었습니다. 유럽 전역의 군주나 귀족들이 그를 무척이나 두려워했습니다. 아레티노가 자신의 험담을 써버리면 큰일이었습니다. 어떻게든 미리미리 회유해두어야 했습니다. 그런데 아레티노 본인은 오히려 이 기회를 포착했습니다. 때로는 아부가 뚝뚝 흘러넘치는 **사탕발림**을 하거나, 마음에도 없는 추종의 말들을 늘어놓거나, 경우에 따라서는 상대방을 넌지시 협박하거나, 한편으로는 독설로 가득 찬 조롱이나 공갈 문구를 퍼붓기도 했습니다. 권력자를 자기 맘대로 주무르며 그들로부터 막대한 선물을 뜯어내고 으스대면서 베네치아의 저택에서 호화로운 생활에 탐닉했습니다. 궁전 못지않은 대저택에는 여자들로 가득했습니다. 아레티노의 아이들은 이루 다 셀 수 없을 정도였습니다.

"펜은 검보다 강하다." 이 표현은 아레티노에게 딱 맞는 표현입니다.

독일의 카를5세(Karl V)와 프랑스의 프랑수아 1세(Fransois I)는 당시 유럽을 둘로 양분했던 세력으로, 서로 상대방을 적대시하며 다투고 있었습니다. 아레티노는 양쪽 왕들 사이를 교묘히 오가며 양쪽 모두로부터 후원금을 뜯어낼 정도로 악랄했습니다. 독일 황제, 프랑스 왕 모두 아레티노가 상대방에게 모욕을 줄 것을 간절히 희망했습니다. 하지만 맙소사, 좀처럼 그런 상황은 오지 않습니다. 영악한 아레티노가 돈줄을 그리 호락호락 내팽개칠 리 없었기 때문입니다. 일단 먹잇감을 물면 뜯어낼 수 있는 만큼 뜯어낸다, 이것이 바로 아레티노의 방식이었습니다.

돈만 후하게 쳐주면 그는 어떤 글이든 썼습니다. 아무리 야비한 일도 서슴지 않았습니다. 어제까지 스승으로 모시던 이를 배신하는 것 따위는 식은 죽 먹기였습니다. 그런 점에서 그의 사상은 동시대를 살던 마키아벨리(Machiavelli)의 사상과 흡사했습니다.

악명 높은 호색문학의 고전으로 알려진 『토론(Ragionamenti)』은 그의 주요 저서 중 하나입니다. 유부녀의 부정한 행실이나 수도원의 퇴폐적 생활, 상류 가문의 딸이 매춘부로 전락해가는 과정 등이 매우 노골적인 필치로 생생하게 묘사되어 있습니다. 그에게는 『음란한 소네트(Sonetti Lussuriosi)』라는 에로틱한 시 작품도 있습니다. 성교 체위를 논한 시에 줄리오 로마노(Giulio Romano)라는 화가가 그린 16장의 춘화까지 첨부되어 있는 작품입니다.

이런 작품들은 모조리 지금도 유럽 각지의 도서관 '위험 서고' 깊숙이에 엄중히 보관되어 있습니다. 그러나 르네상스 당시의 이탈리아인들은 아레티노의 호색 작품을 그다지 위험하게 여기지 않았던 모양입니다. 그들은 아레티노를 '신이 내린 아레티노'라는 별명으로 부르며 그 현란한 재능을 칭찬해마지 않았습니다.

미켈란젤로가 시스티나 성당의 천장화를 그릴 준비를 하고 있을 때, 아레티노는 이 고명한 화가에게 아부가 철철 넘치는 편지를 적어 보냈습니다. 편지에는 그림의 주제에 대해 이런저런 충고가 상세히 적혀 있었습니다. 미켈란젤로는 기분이 나빴지만 자칫 그의 기분을 상하게 했다가는 어떤 험한 꼴을 당할지 모른다고 생각했습니다. 그래서 본인도 말도 못 하게 정중한 답장을 일단 보냈습니다.

그러나 미켈란젤로는 천장화를 그리는 작업이 막상 시작되자 아레티노의 충고를 완전히 무시했습니다. 미켈란젤로 특유의, 강력한 늑골이 드러난 나체를 강조한 그리스도나 성자, 천사들의 《최후의 심판》그림이 완성되었습니다. 이제 아주 엄청난 일이 벌어진 것입니다.

드디어 아레티노는 공개적인 편지로 미켈란젤로를 격렬히 공격하기 시작했습니다. 자신의 의견을 깡그리 무시했기 때문에 일부러

어깃장을 놓은 것입니다. 외설서적 작가라는 자신의 불명예스러운 딱지는 제쳐두고, 뻔뻔스럽게도 그는 이 고명한 예술가가 얼마나 외설스러운지 규탄하기 시작했습니다.

"… 순교자나 성모 마리아에게도 옷을 입히지 않고 마치 유혹하는 몸짓으로 성기 쪽으로 손을 뻗치고 있습니다. 이런 모습을 혹여 그리스도께서 보셨다면 용서할 수 없는 그림이라고 생각하셨겠지요. 틀림없이 그럴 것입니다. 이런 그림은 설령 유곽에 걸려 있다 해도 사람들이 차마 똑바로 볼 수 없어서 자기 눈을 가리겠지요. 당신의 예술은 음란하기 그지없습니다. 공중목욕탕이라면 몰라도 이것을 신성한 합창대가 있는 곳에 두는 것은 당치 않은 일입니다."

사람에게 한 방을 먹이는 뻔뻔스러운 글을 잘도 썼군요. 감탄스럽습니다. 물론 아레티노는 신 따위를 조금도 믿고 있지 않았습니다. ― 하긴 본인은 신을 모독하는 말을 평생에 걸쳐 직접 쓰지는 않았습니다. 이유는 신을 협박해본들, 혹은 추켜세워본들 땡전 한 푼의 이득도 되지 않을 것임을 뻔히 알고 있었기 때문입니다. 그는 자신에게 이익이 되지 않는 짓은 절대로 하지 않았습니다.

그러나 아레티노의 공격을 계기로 미켈란젤로의 천장화는 마침내 엄청난 수난을 겪게 됩니다. 법왕 바오로 4세(Paulus IV)가 나체의 인물들에게 옷을 입히도록 엄히 명했기 때문입니다. 졸지에 마리아와 천사들은 새삼스럽게 옷을 입을 수밖에 없게 되었고, 그리스도와 성자들은 허리 주변에 천을 둘러야 하는 상황에 내몰렸습니다. 이리하여 미켈란젤로가 그린 나체들은 엄청나게 덧칠을 당했고, 아담과 이브 이외의 인물은 애당초 노출되었던 허리 언저리가 거의 대부분 뭔가로 덮이게 되어버렸습니다.

미켈란젤로는 몹시 못마땅했을 것입니다. 그러나 아레티노는 필시 입술을 일그러뜨리며 크게 웃어젖혔을 것입니다.

아레티노의 죽음은 파렴치한 문학자와 너무도 어울리는, 놀라서 입이 딱 벌어질 정도로 어이없는 상황이었습니다. 전설에 의하면 한 친구가 찾아와 베네치아에 있는 그의 여동생의 온갖 난잡한 생활에 대해 흥미진진하게 이야기를 들려줍니다. 그러나 이미 65세의 나이에 접어들었던 아레티노는 배꼽을 잡으며 웃다가, 결국 의자에서 굴러 떨어져 목뼈가 부러지는 바람에 그대로 즉사했다고 합니다.

## 살아가는 기술의 명인 - 행동가 카사노바

카사노바(Casanova, 1725~1798)는 유럽 전체를 종횡무진 누비고 다니던 엄청난 사기꾼이자 난봉꾼입니다. 만년에 회상록『나의 인생 이야기(Histoire de ma vie)』를 썼기 때문에 유명해졌습니다. 터무니없을 정도로 통쾌한 사내였습니다.

카사노바의 회상록은 보기 드문 책입니다. 이런 분야의 책으로는 천하의 으뜸입니다. 여색을 밝히던 희대의 난봉꾼이 가진 면모가 실로 생생히 묘사되어 있습니다. 그러나 그를 단순히 여기저기에

널려 있는 엽기적인 인물, 혹은 색마 정도로 치부해버리면 대단한 오류를 범하게 됩니다. 그야말로 18세기 자유인의 전형이었습니다. 종교나 도덕의 속박을 벗어나 마침내 프랑스혁명에 이르는 해방의 도상에 있는 인간의 진솔한 모습, 심지어 지극히 건강하고 매력적인 있는 그대로의 민낯 그 자체였습니다.

그러므로 카사노바의 방탕함이나 무궤도 역시 단순한 호색가로서의 그것이 아니라, 굳건한 신념을 바탕으로 한 이른바 '자율적 무궤도'라고 할 수 있었습니다.

"인간은 자유롭다. 그러나 자신이 자유롭다는 것을 믿지 않으면 더 이상 자유롭지 않다"라고 카사노바 스스로 명쾌하게 단언하고 있는 것처럼, 그는 파란만장한 실생활에서 자유라는 것의 진정한 맛을 비로소 알기 시작한 시대의 민중의 영혼을 직접 온몸으로 발현하며 살아간 인물입니다. 따라서 그는 철두철미하게 '시대가 낳은 인물'이었습니다. 그의 용기나 대범한 행동력도 스스로 말하고 있는 것처럼 "나는 자유롭다"라고 믿는 신념 같은 것에서 생겨난 것으로 여겨집니다.

전기 작가 슈테판 츠바이크(Stefan Zweig)는 "이 '생활의 명인'과 비교해보면 자신들이 마치 점토세공 인형 따위처럼 여겨지곤 한다. 사내인 이상 괴테, 미켈란젤로, 발자크 따위보다는 오히려 카사노바가 되고 싶다고 생각하는 것이 당연하다"라고 말하고 있습니다. 요컨대 남성들 입장에서 격한 선망을 자극받지 않으며 카사노바의 회상록을 읽는 것은 불가능합니다.

세상에는 돈 후안, 요노스케(世之介, 이하라 사이카쿠[井原西鶴]의 명작
『호색일대남[好色一代男]』의 주인공-역주), 히카루 겐지(光源氏, 『겐지모노가타
리[源氏物語]』의 주인공-역주) 등 다양한 타입의 호색한도 있긴 합니다.
그러나 모두 소설 속에 나오는 등장인물에 불과합니다. 하지만 카
사노바는 실존 인물이었으며, 18세기 당시 실제로 전 유럽을 누비
고 다닙니다. 그의 행동반경은 그 어떤 모험소설의 주인공도 감히
따라 할 수 없을 정도였습니다.

직업다운 직업도 없이, 그때그때의 상황 변화에 따라 무엇이든 될
수 있었습니다. 18세의 나이로 법학박사 학위를 땄다며 떠벌리고
다닙니다. 화학, 수학, 의학, 역사, 철학, 문학 등 뭐든지 두루두루
꿰고 있었습니다. 특히 돈이 되는 학문이라면 야무지게 몸에 익혔
으며, 점성술이나 연금술처럼 미심쩍은 학문엔 탁월했던 모양입니
다. 귀족이라 자칭하며 태연스럽게 유럽 각국의 궁정에 출입했습니
다. 이탈리아 태생이지만 독일어, 프랑스어, 러시아어까지 유창했
고, 특히 카드놀이나 도박에서는 따를 자가 없는 프로였습니다.

파리에서는 국영 복권 사업의 지배인이 되어 막대한 부를 획득했
고, 베를린에서는 프로이센의 왕인 프리드리히 대왕(Friedrich II)의 신
임을 얻어 사관학교 사감에 취임했습니다. 러시아에서는 예카테리
나 여제를 만나 역법의 개정을 권고했고, 베네치아에서는 정부의
스파이로 암약했습니다. 그동안 몇 번이나 투옥되었고, 심지어 탈
옥까지 했으며, 불온한 외국인으로 국외추방령을 받은 적도 있습
니다. 사업에 실패해 거지 신세가 될 뻔한 적도 있었습니다. 그러나

항상 온갖 속임수와 용기로 위기를 모면했고, 재산이나 미녀, 혹은 예상치 못한 지위를 얻을 수 있었습니다.

그야말로 전기 작가 슈테판 츠바이크의 표현대로 '생활의 명인'이라는 이름값을 충분히 하고도 남습니다.

"이 속물 난봉꾼은 악마에 사로잡힌 인간과는 다르다"라고 츠바이크는 단정하고 있습니다. "그를 동요시켰던 유일한 악마를 꼽으라면 그것은 **권태**라는 이름의 악마였다"라고 말합니다. 그러고 보니 정말 그렇습니다. 끊임없이 새로운 관능의 자극을 추구하며 전혀 지칠 줄 모릅니다. 카사노바라는 이름을 가진, 괴물에 가까운 하나의 인격 안에서 우리는 권태를 무엇보다 두려워하던 근대인의 모습을 확인할 수 있을지도 모릅니다.

재즈 카페에 눌러 살거나, 밤을 새워 마작에 정신이 팔려 있거나, 주식에 손을 댔다가 실패하거나, 오토바이 폭주족이 되거나 모두 무거운 짐을 지고 산을 오릅니다. 현대 젊은이들은 도무지 가만히 있지를 못합니다. 생리적 욕구에 가까운 현대 젊은이들의 충동 역시 일종의 권태공포증일 것입니다. 틀림없습니다.

그러나 시대적인 차이라는 것도 결코 무시할 수 없습니다. 흠잡을 데 없이 대범하고 자연스러운 욕망에 솔직했던 카사노바의 행동과 생활의 기술에 비하면, 억압된 현대인의 그것은 얼마나 쪼잔하고 비참하며 초조한 신경 발작처럼 보이는지 모릅니다. 이것은 누구의 눈에도 분명할 것입니다.

또 하나 결코 간과해서는 안 될 것이 있습니다. 카사노바가 생각하는 '자유'라는 것이 우리가 자칫 떠올리는 자유의 이미지와 전혀 다르다는 사실입니다. 우리는 자유와 반항을 항상 나란히 생각하려 합니다. 자유라는 개념에 포함된 모나고 삐뚤어지고 비장한 면을 떼어내서 생각하는 것이 쉽지 않습니다. 그러나 자유란 과연 그런 것일까요?

카사노바는 혁명가도 반항아도 아닙니다. 은자나 세상을 등진 사람은 더더욱 아닙니다. 변변한 이상도 없거니와 세상에 대한 불평불만도 없습니다. 그저 행동하는 인물일 뿐입니다. 영웅도 호걸도 아닙니다. 물론 의적도 협객도 아닙니다. 비극적인 역할만큼 그에게 어울리지 않는 것도 없을 것입니다. "약자를 구하고 강자를 굴복시킨다" 따위의 신파조 정의감도 이해하지 못할뿐더러, 숨겨진 의리와 인정이 펼쳐지는 바람에 눈물, 콧물로 범벅이 되는 세계와도 완전히 거리가 먼 인물입니다.

오로지 쾌활하고 솔직하며 자기 자신의 쾌락만 좇아 가볍게 여기저기로 날아다닐 뿐인 사내입니다. 이것이 바로 진정한 자유겠지요.

실제로 카사노바에게는 약삭빠른 구석도 없었거니와 묘하게 예민한 자존심도 없었습니다. 문필가치고는 놀랄 만한 일입니다. 아울러 쾌락주의자로서 존경할 만한 구석입니다. "동물적으로 살아간다"라는 쾌락주의의 철칙을 있는 그대로 체현한 멋진 사내입니다. 이것이야말로 카사노바에게 바치는 최고의 찬사여야 합니다.

## 리베르탱의 방탕 – 사드와 성(性)의 실험

마르키 드 사드(Marquis de Sade, 1740~1814)는 사디즘의 원조로 알려진 프랑스 문학자입니다. 그는 성범죄로 분류될 수 있는 자그마한 사건을 일으켰기 때문에 경찰에게 쫓겨 생애의 3분의 1 이상을 감옥 안에서 보내야 했던 불행한 사람입니다. 그의 유명한 소설은 거의 모두 암울한 감옥 안에서 창작된 것입니다.

젊은 시절 사드는 그야말로 18세기의 부유한 방탕귀족답게 제멋대로 즐기며 난봉꾼으로 살았습니다. 극장에 뻔질나게 드나들며 여배우 뒤꽁무니를 따라다니거나 매춘가에서 여자들을 희롱하기도 했습니다. 이 시대의 탕아를 '리베르탱(Libertin)'이라고 부르는데 사드 역시 리베르탱의 한 사람으로 여색의 길을 배워가는 과정에 여념이 없었다고 할 수 있습니다.

그런데 리베르탱이라는 단어에 대해서는 약간의 설명이 필요합니다. 원래 리베르탱이라는 단어에는 종교적 의미가 있어서 '신앙 및 종교적 의무를 따르는 것을 거부하는 자유로운 정신'을 의미했습니다. 그 때문에 일본에서는 '자유사상가'라고 번역하는 경우도 있었습니다. 그런데 그런 의미를 지닌 단어가 언제부터인지 서서히 뜻이 변해 도덕적인 방탕을 의미하게 되었습니다. 요컨대 '종교적 계율'에 대한 불복종에서 '성적 속박'에 대한 불복종으로 의미가 바뀌어갔다고 할 수 있습니다.

남녀 간 애욕의 행위에 임할 때, 리베르탱은 종족 유지의 자연법

칙을 가능하면 벗어나려고 합니다. 가톨릭에서는 중세의 성자 토마스 아퀴나스(Thomas Aquinas) 이후, 아이를 낳는 것을 성교의 첫 번째 목적으로 삼았기 때문에 성을 즐기는 대상으로 간주하는 것을 엄격히 금하고 있었습니다. 그런데 리베르탱은 일단 그런 종교적 속박을 스스로 타파하려고 했습니다. 당연한 이야기지만 창부와 노는 것의 목적이 아이를 낳는 것은 아닙니다.

둘째, 리베르탱의 특징은 정열적인 연애에 빠져들어 스스로를 망각하는 것을 경계합니다. 요컨대 남녀의 애욕은 어디까지나 유혹하거나 유혹당하는 성적 놀이에 불과하며, 쾌락 이외에 그 어떤 목적도 없다는 이야기입니다. '로미오와 줄리엣'이라든가 '트리스탄과 이졸데'처럼 순정 가련한 남녀가 파멸조차 두려워하지 않은 채 정열적인 연애에 몰입하는 것은 리베르탱이 가장 경멸했던 부분입니다.

어째서일까요? 정열적인 연애에 몸을 맡기는 것은 리베르탱이 가장 소중히 여기던 '주체성', '자유'의 상실을 의미했기 때문입니다. 리베르탱이라는 단어는 자유(리베르테, Liberté)와 관련 있기 때문에, 무엇보다 우선적으로 전통이나 인습을 타파하는 정신적 자유를 의미하고 있었습니다. 한마디로 말하자면 놀이의 정신, 자유의 정신, 이것이 바로 리베르탱의 특징이라고 해도 좋습니다.

이렇게 보면 18세기의 프랑스에 존재했던 리베르탱의 이상은 아무래도 에도 시대의 풍류인과 비슷한 구석이 있다는 사실을 이해하실 것입니다. 제3장의 '호색이라는 것'에서 설명한 것처럼 에도의 요시와라나 교토의 시마바라(島原, 교토에 있던 유곽지역-역주)에서 여자에 빠져 전 재산을 탕진하는 풍류인도 역시 리베르탱과 마찬가지로 남녀의 애욕을 순수한 놀이로 간주하며 '댄디즘(Dandyism)'이라는 정신적 자유를 무엇보다 존중했던 사람들이었습니다.

다시 사드의 이야기로 돌아가봅시다.

사드는 28세 무렵 파리 거리에서 구걸하던 젊은 여성을 마차에 태워 자기 별장으로 유인해 벌거벗긴 후 침대에 묶어놓고 채찍으로 때리거나 칼로 상처를 내면서 즐거워했습니다. — 도대체 어째서 이런 짓을 했을까요. 요컨대 그는 리베르탱으로서 온갖 성적 쾌락을 직접 실험해보고 싶었던 것입니다.

사디즘, 마조히즘이라고 일컬어지는 경향은 보통 성적 도착, 변태적 이상 행위로 간주되고 있습니다. 그러나 근대의 성과학자나 심리학자들도 증명하고 있는 것처럼, 그 어떤 인간의 마음속에도 은밀히 존재하는 보편적인 경향입니다. 사드는 마치 과학자처럼 냉정한 눈으로 자신의 마음속에 살고 있는 이런 이상한 충동들을 하나씩 끄집어내서 직접 조사해보지 않으면 성이 차지 않았던 겁니다.

32세가 되었을 때 유명한 '마르세유 사건'이라는 스캔들을 일으킵니다.

마르세유에 있는 창부의 집에서 네 명의 젊은 창녀를 불러들여 그녀들을 채찍으로 때리거나 온갖 에로틱한 짓거리를 하면서 흐드러지게 논 후, 사드는 그녀들에게 '칸타리스(Cantharis)'가 들어간 봉봉(한입 사이즈의 초콜릿 등 당류의 총칭-역주)을 먹게 했습니다. 칸타리스란 '반묘(斑猫)'라는 곤충에서 채취한 일종의 자극제로 예로부터 최음제로 알려져 있는 약입니다.

사드는 "이건 **방귀**가 나오는 약이니까 먹어보렴"이라면서 여자들에게 봉봉 용기를 내밀었습니다. 젊은 여성들은 신기해하면서 먹었지만 방귀는 나오지 않았습니다. 이윽고 다음 날이 되자 아가씨들 중 한 사람이 극심한 복통을 일으키며 구토를 하더니 몹시 괴로워하기 시작했습니다. 그러나 그때 이미 사드는 하인과 함께 마차로 마르세유를 빠져나간 상태였습니다.

도대체 사드는 어째서 이런 해괴한 실험을 했을까요. 희한하게 생각할 분이 계실지도 모릅니다. 그러나 인간의 도착적 성욕 중에는 기괴한 것들도 있습니다. 예를 들어 분변기호증(코프로필리아, Coprophilia), 즉 배설물이나 배설 행위를 보면 성적으로 흥분하는 사람도 있습니다. 사드의 방귀 실험 등은 결국 이런 분변기호증의 일종일 거라고 여겨집니다.

아울러 사드는 마르세유에 있는 창부의 집에서 젊은 여성들에게 "뒤에서 하게 해줘"라고 끈질기게 부탁했습니다. 여성들은 "그런 건 싫어요"라며 거절한 모양입니다. 이른바 여성을 상대로 한 항문성교였습니다. 그러자 사드는 여자들이 보고 있는 앞에서 하인과 함께 남성끼리의 동성애 행위까지 했던 모양입니다. 가톨릭의 권위가 지배하던 18세기 당시, 항문성교는 상대가 남자든 여자든 똑같이 사형에 처해질 정도로 중대 범죄였습니다. 종교적으로 죄를 물을 정도의 행위를 굳이 감행했던 대목에서 리베르탱으로서의 사드의 용기를 확인할 수 있습니다.

사드는 어린아이 같은 자유로움과 놀이 정신을 가지고 온갖 섹스 실험을 대담하게 시도했던 사람입니다. 그러나 당시의 봉건사회는 그를 위험인물로 간주하며 철창에 가두어버렸습니다.

현실 세계에서 쾌락을 추구하는 것이 불가능해진 사드는 어쩔 수 없이 공상 세계에서 쾌락을 추구하게 되었습니다. 이리하여 '작가 사드'가 탄생했던 것입니다. 감옥 안에서 그는 방대한 양의 작품들을 썼습니다.

인간의 섹스를 적나라하게 묘사한 사드의 소설은 일본에서도 그 번역서가 당국에 적발되어 재판을 당하는 처지에 놓이게 되었습니다. 그러나 융통성 없이 빡빡한 검찰관이 주장하는 것처럼 외설적인 서적은 결코 아닙니다. 인간의 자유를 소리 높이 외친 찬가입니다.


## 조화형 인간 – 괴테와 연애문학

괴테(Johann Wolfgang von Goethe, 1749~1832)는 독일의 대문호로 이른바 '조화형 인간'이라고 일컬어지고 있습니다. 나는 파멸형 인간이나 편집광적인 인물을 좋아해서 앞으로도 그런 사람들만 다룰 것 같습니다. 하지만 일단 여기서 조화형 인간이란 어떤 사람을 말하는지, 괴테를 예로 들면서 설명해보고 싶습니다.

조화형 인간에게 가장 특징적인 점은 인생에서 실패나 좌절을 겪게 되어도 절대로 위축되지 않는다는 사실입니다. 그리고 세상을 원망하거나 토라지면서 사회에 등을 돌리지 않고, 다시금 확신에 불타올라 실패나 좌절 속에서도 불사조처럼 일어납니다. 괴테는 전 생애에 걸쳐 몇 번이나 연애를 했지만 괴로운 연애든 행복한 연애든, 모두 그의 존재 전체를 건 추진력을 보여주었습니다. 연애할 때마다 그는 탁월한 작품을 써내려갔습니다. 그리고 한 걸음씩 좀 더 높은 경지로 나아가면서 점점 자아를 확대해나갔습니다.

괴테의 연애는 종종 세간의 비난의 표적이 되었습니다. 그러나 돈 후안이나 카사노바처럼 방탕한 연애 유희와는 근본적으로 달랐습니다. "영원히 여성적인 것이 우리를 이끌어 올린다"라는 표현은 『파우스트(Faust)』의 마지막에 나오는 유명한 명언인데, 이는 동시에 괴테 자신의 삶이기도 했습니다. 요컨대 그는 사랑 없이는 살 수 없는 인간이었고, 항상 그 대상에게 불타는 애정을 쏟았습니다. 사랑을 할 때마다 심각하게 고뇌했으며, 혹여 자신이 상대를 버렸을 때는 죄의식에 괴로워했습니다.

그러나 연애가 자아의 날갯짓을 방해하는 일이 생기면 그 상대방으로부터 벗어나야 합니다. 그런 고통도, 타격도 결국 그의 인생에 도움을 주었기 때문에 행복한 '조화형 인간'이라고 부를 수밖에 없습니다. 생각하기에 따라서는 참으로 이기적이고 제멋대로인 인간이라고 말할 수도 있습니다. 괴테의 쾌락주의는 이처럼 거대한, 온갖 환희와 고통을 집어삼킬 정도로 거대한 우주적인 자아의 확대 속에서 성립되었습니다.

괴테의 첫사랑은 14세 때의 일이었습니다. 상대는 젊은이들이 모이는 레스토랑의 하녀 그레트헨(Gretchen)입니다. 『파우스트』1부의 여주인공의 이름은 첫사랑 소녀의 이름에서 따온 것입니다. 물론 이것은 앳된 플라토닉 러브였습니다.

17세 무렵에는 케트헨이라는 이름을 가진 3세 연상의 아가씨와 사랑에 빠집니다. 이 아가씨도 괴테가 자주 다니던 레스토랑의 아가씨였습니다. 괴테는 이 여성을 상대로 처음으로 온몸이 짜릿해지는 관능적 도취를 맛보았으며, 질투하거나 싸우기도 합니다. 그녀와의 관계를 모델로 희곡을 두 개 정도 썼습니다.

세 번째 상대는 그가 21세 때 만난 목사의 딸 프리데리케 브리온(Friederike Brion)입니다. 그녀와의 관계를 통해 탁월한 서정시가 몇 편이나 세상에 나왔습니다. 그러나 결국 괴테는 잔혹하게도 그녀를 버립니다. 그 때문에 처음으로 양심의 가책을 느끼며 괴로워하게 되었습니다.

다음 상대는 그가 베츨라(Wetzlar)의 어느 무도회에 가는 도중에 마차 안에서 알게 된 샬롯테 부프(Charlotte Buff)였습니다. 그녀는 아내를 여읜 관리의 차녀로 열 명의 어린 동생들을 어머니를 대신해 돌보고 있었고, 당시엔 비록 18세에 불과했지만 이미 케스트너라는 중년의 외교관과 약혼한 상태였습니다. 당연히 괴테는 실연의 아픔을 겪을 수밖에 없었습니다. 이 과정에서 태어난 작품이 바로 그 유명한 『젊은 베르테르의 슬픔』입니다. 그러나 소설 속의 베르테르가 자살하게 되는 것과는 달리 현실 속의 괴테는 운명을 감당할 줄 아는 강인한 힘으로 이런 실연의 위기를 극복해냅니다.

괴테는 삼각관계의 갈등을 피해 베츨라를 떠났지만, 그 중간에 또다시 유부녀를 사랑하게 됩니다. 막시밀리아네라는 젊은 여성이었는데, 부녀지간 정도로 나이 차가 나는 상인의 후처였습니다. 세간의 소란스러운 소문의 표적이 되어 상심한 그는 뒤로 물러납니다.

26세 때 프랑크푸르트의 은행가의 딸이자 당시 16세였던 아름다운 릴리 쇠네만(Lili Schönemann)과 약혼합니다. 하지만 몇 개월 후 그녀와 함께하게 되는 것에 불안감을 느끼며 약혼을 과감히 파기해버립니다. 심적 동요를 느끼는 동안, "아, 지금 희곡을 쓰지 않으면 나는 파멸해버릴 거야"라고 외치며 『스텔라(Stella)』라는 희곡을 썼습니다. 이 작품에는 릴리에 상당하는 스텔라와 이전에 자신이 버렸던 프리데리케에 해당되는 체칠리에라는 두 여성이 나오는데, 주인공 남성은 그녀들을 계속 버리고 떠나버린 후 자신의 나약한 의지를 비관하며 자살해버립니다. 그러나 현실 속 괴테는 고뇌를 극복하고 당당하게 앞으로 나아갑니다.

같은 해, 그의 일생에 중대한 영향을 끼친 교양 있는 여성 슈타인 부인(Charlotte von Stein)을 바이마르(Weimar)에서 만납니다. 첫 만남 당시 그녀는 7세 연상인 33세, 일곱 명의 아이들이 있는 어머니였습니다. 슈타인 부인은 괴테에게 당연히 연애의 대상이기도 했지만, 훗날에는 인생의 동반자, 어머니처럼 위로해주는 존재이자 생활의 지도자가 되어줍니다. 괴테는 그녀를 추앙하는 수많은 찬사의 시를 썼습니다. 희곡『타소(Torquato Tasso)』에 나오는 공주 레오노레(Leonore)

에는 그녀의 모습이 투영되었다고 평가받고 있습니다.

27세 때 라이프치히(Leipzig)의 여배우 코로나 슈뢰터(Corona Schröter, 고전주의 독일의 여성 작곡가-역주)를 만나게 됩니다. 괴테는 그녀와 함께 직접 배우로 무대에 서기도 했지만, 그 때문에 슈타인 부인과의 사이가 어색해집니다.

39세 때 크리스티아네 불피우스(Christiane Vulpius)라는 23세의 젊은 여성을 만나 자신의 집에 그녀를 데리고 옵니다. 그녀는 양친을 여읜 후 어렵게 지내던 가난한 여성이었습니다. 훗날 정식 아내가 된 괴테 부인입니다. 그녀와의 사이에서는 사내아이가 한 명 태어났습니다.

58세 때 어린 시절부터 알았던 서점의 딸, 19세의 민나 헤르츨리프(Minna Herzlieb, 빌헬미네 헤르츨리프[Wilhelmine Herzlieb]의 애칭으로 보임-역주)를 사랑하게 됩니다. 그녀와의 교제를 통해 장편소설 『친화력(Die Wahlverwandtschaften)』이 탄생했습니다.

65세 무렵 프랑크푸르트(Frankfurt)의 은행가의 아내인 마리안네(Marianne von Willemer)를 알게 되어 또다시 불타는 사랑을 합니다. 『서동시집(West-östlicher Divan)』 안에 나오는 사랑의 노래는 그녀와 주고받았던 연가입니다.

괴테의 마지막 사랑은 무려 74세의 나이에 마리엔바트(Marienbad)의 온천장에서 알게 된 19세의 소녀 울리케 폰 레베초프(Urlike von Levetzow)였습니다. 이미 아내를 잃은 괴테는 진지하게 그녀와 결혼할 마음이었지만, 세간의 웃음거리가 되어 포기하지 않을 수 없었습니다. 이런 괴로운 사랑의 추억은 유명한 『마리엔바트 비가』가 되어 멋지게 응축되었습니다.

이렇게 살펴보면 83년에 이르는 괴테의 생애에 등장하는 연인의 숫자는 첫사랑인 그레트헨에서 시작되어 무려 12명에 이릅니다. 대문호답게 명성의 절정에 있으면서, 일국의 재상이 될 정도로 높은 공직에 올랐던 사람으로서 이런 화려한 연애 편력은 실로 경이로울 정도입니다.

"가장 현명한 연애 방식은 여자로부터 도망치는 것이다"라고 말했던 사람은 나폴레옹이라고 합니다. 그러나 괴테 역시 마찬가지였습니다. 격렬한 열정을 더 이상 견딜 수 없는 상황에서 그대로 관계를 지속하다간 자신을 위해서나 연인을 위해서나 부질없다는 판단이 서면 아슬아슬한 상황에서 빠져나와 가까스로 파국의 심연에서 벗어납니다. 그야말로 닌자의 비술 같은 수단을 구사하는 데 탁월했습니다.

이는 냉혹하게 연인을 버리는 바람둥이의 방식과 비슷하면서도 다릅니다. 연인과 함께 자신도 파멸의 길로 빠뜨릴 정도로 무분별해져버릴 수는 없는 노릇이기에, 어쩔 수 없이 연인이 있는 땅에서 '도망칠' 수밖에 해결 방법이 없었습니다. 즉 그토록 정이 깊은 사내였기 때문에 격렬한 체험을 통해 찬란한 연애문학을 계속 탄생시켜 갔던 것입니다.

## '뭐든지 먹는' 동물의 이상 – 브리야 사바랭과 미식가들

"인간은 뭐든지 먹는 동물이다"라고 말한 사람은 19세기의 프랑스 미식가 브리야 사바랭(Jean Anthelme Brillat-Savarin)입니다. 그럼 식사의 쾌락에 대해 살펴보겠습니다.

애당초 식사에는 예술적인 측면과 필요적인 측면이 있습니다. 필요적인 측면만 만족시키는 것은 동물입니다. 동물의 미각은 무척 범위가 좁아서 소나 말은 풀만 먹고, 사자나 호랑이는 고기만 먹습니다. 넓은 범위에 걸쳐 미각이 발달해 온갖 것을 기호에 따라 먹는 것은 인간뿐입니다. 인간 입장에서 보면 동물의 식생활은 가엾기 그지없습니다.

성의 쾌락이 인생에서 아무리 거대한 비율을 차지하고 있다고 해도 금욕 생활 때문에 목숨을 잃은 사람이 있다는 이야기는 아직까지 들어본 적이 없습니다. 하지만 식욕을 충분히 충족시키지 못한다면 영양부족에 걸려 죽게 될 것입니다. 성욕과 식욕 간의 근본적 차이도 바로 이 점에 있습니다. 필요 측면이라는 것은 인간이 생존하는 데 최저 조건이라는 정도의 의미입니다.

한편 일본과 유럽을 비교해보면 일본의 식사의 역사는 적어도 극히 최근까지는 필요의 역사에 가깝지 않았나 싶습니다.

일본에서는 아주 오래전부터 풍토나 기상의 영향으로 주식인 쌀농사가 불안정한 상황이었기에 일반 서민 사이에서는 밥을 배불리 먹는 것이 최고의 이상으로 여겨졌습니다. 그런데 반대로 '세끼 밥'

이라고 하면 비근한 것의 대명사였습니다. 잘 차려져 있지 않은 간단한 식사가 미덕이 되었고, "군자는 주방을 멀리한다"라는 식의 결벽증이 중시되면서 결국엔 "무사는 굶어도 이쑤시개를 높이 문다(양반은 냉수 마시고도 이를 쑤신다는 식의 속담-역주)" 따위의 스토이시즘(Stoicism, 스토아학파의 철학-역주), 오기로 버티는 억지 논리식 윤리도 좋은 평가를 받았습니다. "좌우지간 호박을 달라(なにがなんでもカボチャをくれ, 1944년 도쿄도[東京都]가 내건 포스터의 문구. 전쟁 상황에서 식량 사정이 어려워진 가운데 대용품으로 호박 재배가 장려됨-역주)"라는 전쟁 중의 슬픈 기억도 있고, "고구마여, 고구마여, 배급 고구마여(イモなりイモなり配給のイモなり, 시인 오자키 기하치[尾崎喜八]의 시집 『이 양식[此の糧]』에 나온 시로 추정됨-역주)"라는 그로테스크한 시를 쓴 시인도 악몽처럼 떠오릅니다.

외국에는 페트로니우스(Gaius Petronius Arbiter)나 발자크나 뒤마 등 풍성한 만찬 장면을 상세히 묘사한, 이른바 미식가(Gastronome) 소설가가 있습니다. 그러나 일본에는 그런 미식가 작가가 거의 보이지 않습니다. 도쿠다 슈세이(徳田秋聲)나 시마자키 도손(島崎藤村)도 만찬 장면을 즐겨 묘사했지만 나오는 음식이라곤 사소설 작가답게 너무나 검소한 것들뿐입니다. 드문 예지만 다니자키 준이치로(谷崎潤一郎) 정도가 군침이 돌 정도로 호화스러운 식탁을 묘사했던 건담가(健啖家) 작가였다고 할 수 있습니다.

선종 승려의 사찰음식(일본어로 쇼진[精進]요리-역주) 메뉴는 담박한 것이어서, 도저히 이것만 먹고는 욕정의 불씨마저 꺼져버릴 지경이었는데, 반면에 서양에서는 수도원 승려들도 몹시 사치스러운 식사를 했던 모양입니다. 최근 프랑스 수도원에서 그레고리오 성가를 듣고 왔다는 어느 화가분의 이야기에 따르면, 거기에서는 일류 레스토랑에 필적할 만한 거창한 음식이 나왔고, 특히 진미 디저트는 최고였다고 합니다.

나폴레옹은 일찍이 "군대는 그 위장에 의해 진군한다"라는 유명한 명언을 남기며 음식의 중요성을 강조했습니다. "무사는 굶어도 이쑤시개를 높이 문다"와 비교해보면 식사에 대한 일본과 유럽의 관념 차이를 쉽게 이해할 수 있습니다.

로마 귀족들의 사치스러운 대향연에 대해서는 앞서 이미 언급했는데(제3장 '인공낙원과 주지육림' 참조), 유럽에는 이 밖에도 역사에 이름을 남긴 위대한 건담가, 혹은 미식가가 많습니다.

영국의 앤 여왕(재위 1702~1714)은 위대한 식도락가로 평판이 자자합니다. 그녀가 아직 여왕이었을 당시, 다음과 같은 노래가 런던 거리에서 유행했습니다. "윌리엄 왕은 잘 생각하고, 메리 여왕은 잘 말하고, 조지 왕자는 잘 마시고 앤 여왕은 잘 먹는다"라는 노래입니다.

17세기의 프랑스 문학자 베르나르 퐁트넬(Bernard le Bovier de Fontenelle)의 아스파라거스 이야기도 흥미롭습니다. 퐁트넬은 기름으로 요리한 아스파라거스를 아주 좋아했습니다. 그런데 어느 날 그의 집에 놀러온 테라슨(Terrasson) 신부는 버터로 볶은 아스파라거스를 좋아했던 것입니다. 하는 수 없이 퐁트넬은 "오늘은 당신을 위해 나의 아스파라거스 절반을 당신에게 양보해 특별히 버터로 볶게 합시다"라고 말했습니다. 이리하여 드디어 저녁 식탁으로 향했는데, 갑자기 테라슨 신부의 몸에 이상이 생기더니 그대로 의식을 잃고 쓰러져버렸습니다. 그러자 퐁트넬은 당황해하면서 냉큼 부엌 쪽으로 뛰어가더니 "아스파라거스는 모조리 기름으로 조리하라. 모두 기름으로!"라고 외쳤다고 합니다.

대작가 발자크도 열혈 미식가였다고 합니다. 전기 작가 슈테판 츠바이크의『발자크 전기』에 의하면 그는 태생적으로 향락적인 사내였기 때문에 고향 투렌의 기름진 요리, 풍미가 좋은 기름으로 조리한 돼지고기채 볶음이나 알맞게 구운 닭고기나 피가 살짝 배어나온 두꺼운 고기를 특히 즐겼습니다. 하지만 작업을 할 때는 그토록 좋아하는 식사도 절제했다고 합니다. 너무 많이 먹으면 피곤해서 졸음이 쏟아지는 바람에 작업에 지장이 있었기 때문입니다.

발자크나 뒤마가 활약했던 19세기 프랑스는 미식과 관련된 식도락이 엄청나게 성행해서 파리 거리에는 실력 있는 주방장이 요리해주는 레스토랑이 즐비했고, 명성이 자자한 여러 요리비평가들도 속속 등장했습니다.

『삼총사』를 쓴 소설가 알렉상드르 뒤마(Alexandre Dumas Père)도 항상 집에 많은 손님들을 초대해 대연회를 여는 것을 최고의 쾌락으로 삼았습니다. 그에게는『요리대사전』이라는 저서도 있습니다. "대뒤마가 그 아들인 소뒤마(알렉상드르 뒤마 피스[Alexandre Dumas fils]-역주)에 비해 지적으로 우위에 있었던 이유는 그가 식사에 관해 더 많은 지식을 가지고 있었기 때문이다"라는 해괴한 평가도 있습니다. 요컨대 프랑스인은 미식에 관한 식도락을 그토록 중요시하는 국민이라는 말입니다.

『식도락 연감』을 쓴 그리모 드 라 레니에르(Alexandre-Barthazar-Laurent Grimod de la Reynière), 부호 로스차일드(Rothschild) 가문의 요리사였고 고대 요리 역사에 해박한 지식을 가졌으며 요리 서적을 다수 남긴 마리 앙투앙 카렘(Marie Antoine Creme), 나아가 불후의 명작『미식예찬』(원제『미각의 생리학[Physiologie du goût]』-역주)을 저술한 브리야 사바랭(Jean Anthelme Brillat-Savarin) 등은 여전히 많은 사람들로부터 존경받고 있습니다.

사바랭은 어수선한 파리 생활에 염증을 느껴 시골에서 조용한 생활을 보낸 사람입니다. 그는 식사에 관해 깊이 있는 철학적 사색을 심화시켜 "새롭게 하나의 요리를 발견하는 것은 새로운 별 하나를 발견하는 것과 마찬가지로 인류 행복에 공헌하는 바가 무척 크다"라는 유명한 문구를 남겼습니다. 지금도 서양과자점에 가면 '사바랭'이라는 구운 과자를 팔고 있습니다. 이것은 그의 이름에서 따온 과자인데, 카스테라 같은 동그란 케이크에 키르슈바서(Kirschwasser, 체리를 발효시켜 증류한 브랜디-역주)라는 달콤한 술을 담아 구운 것입니다.

이번엔 중국으로 가봅시다. 서양의 프랑스와 함께 동양의 중국 역시 미식 전통이 확고한 나라입니다.

그 유명한 대성인 공자마저 요리에 **서툴다**는 이유로 부인과 이혼

했다고 합니다. 공자 쪽에서 먼저 갈라서자고 했는지, 혹은 사모님 쪽에서 이런 까다로운 남편과는 도저히 함께 살 수 없다며 집을 나가버렸는지, 상세한 사정까지는 역사적으로 확실하지 않지만 어쨌든 그런 사실이 있었다는 것은 거의 확실합니다. 공자의 언행을 기록한 『논어』를 읽어보면 알 수 있습니다.

『논어』 향당편 제10장에 "밥(食)은 정(精)한 것을 싫어하지 않으시며, 회는 가늘게 썬 것을 싫어하지 않으셨다"라는 표현이 있습니다. "쌀은 아무리 정백해도 충분하다고 할 수 없으며, 생선 살은 아무리 가늘게 썰어도 지나치게 가늘다고는 할 수 없다"라는 의미입니다. 또한 『논어』에는 "고기가 사각형으로 똑바로 잘라져 있지 않았을 때나 빛깔이 좋지 않을 때, 맛이 좋지 않을 때는 먹으면 안 된다"라고 적혀 있습니다.

이 정도라면 공자의 사모님도 참을 수 있었겠지만, "시장에서 사온 술과 고기를 먹지 않는다", 즉 "집에서 제조한 술이 아니면 마시지 않는다. 가게에서 사온 고기는 먹지 않는다"라는 정도에 이르면 짐 싸들고 친정으로 돌아갈 수밖에 없을 것입니다. 사모님으로서도 달리 길이 없지 않았을까요? 미식가 남편을 둔다는 것은 어지간히 어려운 일입니다.

"중국인은 어떤 것을 먹는지 종종 질문을 받는다. 나는 이렇게 답한다. 우리 중국인들은 먹을 수 있는 것이라면 아마도 지구상의 모든 것을 먹는다, 라고." — 이렇게 말한 사람은 소설가 린위탕(林語堂)입니다. "중국인이 먹는 음식에는 자기가 좋아서 먹는 '게'에서부터 어쩔 수 없이 먹는 나무껍데기까지 있다. 경제적인 필요가 우리 음식의 '발명의 어머니'다. 온갖 것을 먹어보는 실험을 하다가 여러 중요한 발견을 하게 된다. 과학이나 의학적 발견도 대부분 이렇게 하다가 가능해진 것들이다. 일례로 인삼을 들 수 있다. 인삼이 가진 마술적이고 건설적인 성능을 발견했던 것이다. 가장 지속성이 있으며 동시에 가장 정력을 키워주는 강장제가 바로 인삼이라는 사실은 내 스스로 증명할 수 있다. 하지만 이런 우연한 발견은 일단 제쳐두고 중국인이야말로 이 지구상에서 유일한, 심지어 진정으로 **뭐든지 먹는 동물**이다. 우리는 이빨이 있는 한 이 지위를 다른 나라 국민에게 절대로 양보하지 않을 것이다. 중국인은 하나의 국민이라는 측면에서 세계에서 최고의 치아를 가진 민족이라는 사실을 언젠가는 치과의사가 인정하게 될 것이다"라고 말했습니다.

참으로 중국이라는 나라답게 자신감이 대단하군요. 일본인들도 앞으로 이 정도로 자신감을 가지고 세상에 있는 온갖 것들을 열심히 먹어 치워가고 싶습니다.


피와 태양의 숭배자 - 반역아 와일드


영국의 세기말 탐미파 작가 오스카 와일드는 쾌락주의를 자신의 삶의 방식으로 당당히 내걸었던 인물입니다. 훗날 동성애 사건 스캔들로 사회에서 매장당한 후 실의에 빠진 상태로 만년을 보냈지만, 명성이 자자한 극작품 『살로메(Salomé)』가 유럽 각지에서 상연되었던 1893년 무렵까지 대단한 인기와 명성을 누린 인물입니다.

탁월한 입담에 재기와 유머가 풍부해 그를 만나는 모든 사람들을 매료시켰던 와일드는 옥스퍼드대학을 졸업한 후 곧바로 런던 사교계의 왕이나 다름없는 존재가 되었습니다. 우선 복장부터가 남들과 확연히 달랐습니다. 육척장신으로 훤칠했던 그는 중세 스타일의 반바지와 실크로 된 긴 양말에 실버 버클이 달린 신발을 신고 다녔습니다. 가슴에는 커다란 꽃을 장식했습니다. 그런 차림새로 한 손에는 해바라기 꽃을 들고 금테를 두른 파이프로 담배 연기를 품어내면서 하느작하느작 도회지 거리를 활보했습니다. 공연 첫날에는 반드시 마차로 극장에 모습을 드러냈습니다. 프랑스의 유명 여배우 사라 베르나르(Sarah Bernhardt)가 처음으로 런던에 왔을 때 한 아름의 백합꽃을 땅 위에 뿌린 다음 그 위를 걷도록 그녀에게 권했던 사람도 오스카 와일드였습니다. 매순간 사치스러운 것, 화려한 것을 너무 좋아했습니다.

30세가 조금 지나자 이미 그는 '말단비대증(거인병)'이라는 별명이 붙을 정도로 지방이 붙어 뒤룩뒤룩 살이 찌고 아래턱이 늘어졌습니다. 그야말로 쇠락해가던 시절의 로마 황제처럼 퇴폐적인 느낌이 들었다고 합니다. 맛있는 술과 음식에 빠져 흐드러지게 먹고 논 결과일 것입니다. 어떤 사람에게는 이것이 생리적인 불쾌감을 주었던 모양입니다. "저 거대한 하얀 버러지!"라고 비난하며 얼굴을 찡그리는 귀부인도 있었다고 합니다.

와일드는 "천재의 유일한 즐거움은 부르주아를 깜짝 놀라게 만드는 일이다"라고 항상 강력히 주장했습니다. 당시 영국은 산업혁명 이후의 기계화, 규격화, 통속화 시대였기 때문에 와일드는 이런 풍조에 역행해 인생의 예술화, 미적 생활을 추구했던 것입니다. 그러나 그 방식은 방약무인하게도 세상의 상식에 도전하는 측면이 있었고, 결국 공공연한 도덕 무시, 배덕 찬미 방향으로 돌진해버렸습니다.

와일드가 젊은 프랑스 작가 앙드레 지드와 만난 것은 북아프리카 여행 중의 일이었습니다. 여기서 그들은 아라비아의 갈색 살갗을 지닌 소년을 품에 안는 쾌락을 알게 되었습니다. 동성애 성향을 지니고 있던 지드와 와일드는 불가사의한 사제관계였습니다. 아직 세상에 인정을 받지 못했던 젊은 작가 지드를 향해 와일드는 이런 교훈을 말해줍니다.

와일드가 "어제부터 무엇을 했지요?"라고 지드에게 묻자 고지식한 지드는 일상적인 대답밖에 할 수 없었습니다. 이야깃거리가 없었기 때문입니다. 그러자 와일드는 마뜩잖은 표정으로 "사실인가요?"라고 다짐을 받고 나서 이렇게 말을 꺼냈습니다.

"사실을 반복해서 이야기해봐야 다 쓸데없는 짓 아닐까요? 도대체 조금도 재미가 없잖아요. 두 가지 세계가 있다는 것을 알아야지요. 하나의 세계는 **현실 세계**, 이건 굳이 이야기하지 않아도 존재하는 세계, 말하지 않아도 알고 있는 세계지요. 또 하나는 **예술 세계**, 이것은 꼭 이야기를 해야겠지요. 이야기를 하지 않으면 존재하지 않는 세계니까."

그런 다음 와일드는 다음과 같이 이야기를 이어나갔습니다. "나는 당신의 입술을 좋아할 수 없네요. 한 번도 거짓말을 해본 적 없는 인간의 입술처럼 올곧으니까. 나는 당신에게 거짓말하는 법을 가르쳐주고 싶네요. 당신의 입술이 고대 가면의 입술처럼 아름답게 비틀리도록."

너무나 와일드다운 표현입니다. 그에겐 진실보다, 선(善)보다, 아름다움이 가장 소중했습니다. 미적 쾌락주의를 주창한 사람은 그의 스승에 해당되는 문예비평가 월터 페이퍼였는데, 와일드 역시 아름다운 거짓말, 즉 예술을 최고로 삼는 쾌락주의를 스스로 실천했습니다.

물론 와일드는 "나는 내가 가진 천재적 재능을 모조리 생활에 사용했지만, 작품에는 오로지 재능만 사용했다"라고 공언했을 정도로 자신의 작품 따윈 하찮게 여기며 오히려 생활을 첫 번째로 생각하던 사내였습니다. 항상 생활의 왕자라고 자부하곤 했습니다. 알제리(Algeria)의 강렬한 태양 아래서 그는 지드에게 이렇게 말했습니다. "나는 드디어 예술 일에서 손을 뗐다네. 태양 이외에는 더 이상 아무것도 숭배하고 싶지 않아."

태양 숭배! 이것은 고대 이집트나 로마 황제, 그리고 멕시코나 잉카 원주민이 이미 몇천 년 전부터 해왔던 일입니다. 태양 숭배는 피를 동반하는 인간 희생의 종교입니다. 흉포하다고 표현할 수 있을 정도로 격렬한 욕정의 긍정, 욕정의 해방을 의미합니다.

그러나 고대 사회라면 몰라도 종교를 상실한 근대사회에서 피를 볼 정도로 강렬한 '욕정의 해방'이란 그저 '죄'라는 이름으로 불릴 뿐입니다. 와일드는 피를 흘리지는 않았지만 역시 죄를 면할 수는 없었습니다.

　"내게 해줄 나의 의무는 맹렬히 즐기는 일이다"라고 와일드는 말했습니다. 그러나 쾌락을 의무로 삼는다는 것은 도대체 어떤 의미일까요? 의무가 된 쾌락은 더 이상 쾌락일 수 없지 않나요? 이리하여 그의 쾌락주의는 점점 변질되어갑니다. 고뇌와 쾌락이 구분이 안 갈 정도로 접근해갑니다.

　마치 의무라도 되는 양 쾌락에 다가서고 의무를 다하는 것처럼 죄를 짓습니다. 한번 달리기 시작한 전차는 도저히 멈춰지지 않습니다. 와일드의 비극은 이렇게 찾아옵니다.

　미모의 귀공자 앨프리드 더글러스와의 동성애 사건으로 평생 제멋대로 굴던 와일드는 영광의 절정에서 순식간에 추락합니다. 대중의 매도와 조소의 대상이 되어 땅바닥으로 떨어집니다. 이윽고 재판, 체포, 투옥을 거쳐 형기 만료 출소 후 가명을 쓰면서 프랑스로 도망쳐 다시는 영국 땅을 밟지 못한 채, 1900년 파리의 초라한 호텔 방에서 죽음을 맞이했습니다.

## 유머는 쾌락의 원천 - 기인 알프레드 자리의 인생

유머는 쾌락의 원천이라고 프로이트 박사는 말하고 있습니다. "유머는 기지나 골계처럼 우리 마음을 해방시킬 뿐만 아니라, 어딘 가 모르게 배짱 두둑하게 만들어주면서 우리의 영혼을 고양시켜주 는 측면을 지니고 있다."

프로이트 박사가 유머의 예로 들고 있는 에피소드는 월요일에 교 수대에 끌려갈 죄인의 이야기입니다. 이 죄인은 자신이 이날 죽을 운명에 놓여 있는데도 태연한 얼굴로 "흠, 이번 주도 조짐이 좋네"라 고 중얼거렸습니다. 이것이 유머라는 이야기입니다. 요컨대 자신의 생명이 중대한 위기에 봉착했는데도 마치 아무 관계도 없는 방관자 같은 표정으로, "나처럼 변변찮은 물건의 목을 매달아봤자 무슨 소 용이 있겠어? 설마 그것 때문에 세상이 멸망하는 것도 아닐 테고"라 는 식으로 생각합니다. 스스로를 객관적으로 바라봄으로써 인생의 허망함, 세계의 용렬함을 통쾌히 비웃어주겠노라는 정신, 이것이 바로 유머의 본질이라고 합니다.

'죄인의 콧노래(끌려가는 사람이 태연한 척 콧노래를 부른다는 의미에서 허세 를 부린다는 의미로 쓰임-역주)'라는 말이 있습니다. 이것도 유머 정신과 살짝 비슷합니다. 단, 유머에는 '죄인의 콧노래'에 보이는 음울한 구 석이 없습니다. 자포자기가 없습니다. 오히려 우월한 태도로 여유 롭게 인간세계의 아둔한 감정이나 옹졸한 관습을 냉철하게 비웃어 줄 뿐입니다.

실연당한 사내가 "뭐야, 세상에 여자가 얼마나 차고 넘치는데. 그 토록 거만하고 허황된 여자를 감당하지 않게 되었으니, 얼마나 잘된 일이야. 축하주라도 한잔 들어야겠군" 따위의 말을 늘어놓으며 친구에게 고백하는 것도 일종의 천진난만한 유머일 것입니다. 분한 마음에 그냥 해본 소리일지도 모르지만, 인생을 살아갈 때 정신위생적인 측면에서 이런 억지도 때로는 필요할 수 있습니다.

심리학적 분석에 의하면, 유머란 외계로부터 고뇌를 강요받았을 때 이것을 거부하면서 자아를 우월적 지위로 끌어올려 자기 주위에 두꺼운 방어벽을 치고 당당히 '쾌락주의(제1장에서 설명했습니다)'를 관철시키는 것을 의미합니다. 그리고 이런 심리적인 조작을 자유자재로 해낼 수 있는 사람을 보통 '유머리스트'라고 부릅니다. 유머리스트는 인생의 실패에 위축되지 않고 강하고 유연한 정신을 가진 쾌락주의자입니다. 우스꽝스러운 세상과 거리를 두면서 모든 것을 농담처럼 웃음으로 날려버리는 정신은 사내답고 상쾌합니다.

유머리스트의 제1인자로 내가 여기서 다루고 싶은 사람은 20세기 초엽 파리의 카페 거리를 유랑하고 있었습니다. 술독에 빠져 있던 신비로운 문인 알프레드 자리(Alfred Jarry, 1873~1907)입니다.

그는 술만 마시다 종당엔 빈곤한 최후를 맞이합니다. 자선병원의 한 병실에서 34세라는 젊은 나이에 세상을 떠난 기인이었습니다. 다이쇼(大正) 시대의 데카당스 문사 쓰지 준(辻潤)을 연상케 하는데, 세상사에 초연한 유머리스트의 진면목을 보여주고 있습니다.

알프레드 자리의 절친한 친구였던 시인 기욤 아폴리네르(Guillaume

Apollinaire)의 이야기에 따르면, 그는 어느 날 정원에서 권총으로 마구 쏘면서 샴페인 뚜껑을 따고 즐겼는데 탄환이 비켜나가 하마터면 이웃집 아이를 죽일 뻔했습니다. 아이 어머니가 화가 나 펄펄 뛰면서 "만약 총에 맞기라도 했으면 어쩌려고!"라고 외치자 자리는 태연한 얼굴로 "별일 아닙니다, 사모님. 우리가 다른 아이를 만들면 되잖아요"라고 답했다고 합니다.

알프레드 자리는 권총을 좋아해서 어디를 가든 꼭 들고 다니면서 주변 사람들의 간을 철렁하게 만들었습니다. 이것도 아폴리네르가 들려준 이야기입니다. 어느 아침 그가 알프레드 자리와 둘이서 산책을 하고 있는데, 한 사내가 다가와 그들에게 길을 물었다고 합니다. 그러자 알프레드 자리는 느닷없이 자신이 애용하는 권총을 들이대며 "여섯 걸음 물러서!"라고 명령한 다음 길을 가르쳐주었습니다.

사람을 어리둥절하게 만드는 취미를 프랑스어로 '미스티피카숑(Mystification, 신비화)'이라고 합니다. 알프레드 자리에게는 이런 미스티피카숑의 취미가 있었기 때문에 터무니없는 이야기를 늘어놓고 사람들을 당황하게 만들면서 기뻐했습니다. 카페에서 사자 사육법 이야기를 합니다. 동물원에서 도망쳐 나온 표범을, 갑옷과 투구로 중무장을 한 채 손에 빈 컵만 들고 결국 붙잡았다는 모험담을 늘어놓습니다. 모두 깜짝 놀라 어리둥절한 상태로 듣고만 있습니다. 그런가 하면 육군의 대규모 연습이 끝난 다음, 참모본부 사관들 앞에서 전문적 군사 비평을 해서 줄지어 서 있던 사람들이 감탄을 연발

했다는 일화도 있습니다.

아폴리네르가 알프레드 자리의 아파트에 처음으로 방문했을 때 수위에게 물었더니 "3층 반입니다"라고 가르쳐줍니다. 정말 그 말이 맞았습니다. 인색한 집주인이 한 층을 상하 2단으로 공간을 나눠 방의 개수를 두 배로 만들어 세를 내주고 있었습니다. 천장이 낮아서 머리가 부딪칠 것 같은 방을 알프레드 자리는 '축소판'이라고 칭했습니다. 책상이나 침대도 모두 표준 치수보다 작아서, 요컨대 방 전체가 축소판입니다. 자리는 그토록 낮은 침대에서 잠을 청하고 엎드린 자세로 시를 썼습니다. 소형 책 선반에는 어린이 그림책이 2, 3권 있을 뿐이었습니다.

난로에는 어느 작가한테서 받았다는, 일본제 돌로 된 커다란 남근상이 장식품처럼 놓여 있었습니다. 어느 날 한 여류작가가 방문했을 때 돌로 된 남근을 신기하다는 듯 바라보더니 "이것은 실물 사이즈인가요?"라고 질문했습니다. "아니요, 축소판입니다"라고 자리는 대답했다고 합니다. 너무나 묘한 대화여서 순간적으로 뿜어버릴(웃음이 터질) 수도 있는 만담 같은 이야기입니다.

앞에서도 썼던 것처럼 알프레드 자리는 알코올 중독자로 자선병원에서 죽었습니다. 그러나 사인은 결핵성 뇌막염이었습니다. 이상한 병으로 죽었군요. 아무것도 먹지 않고 술만 계속 마셨기 때문에 서서히 육체가 줄어들었겠지요. "알코올에는 영양분이 있다"라고 자리는 철석같이 믿었습니다. 물을 아주 싫어해서 물 대신 술을 마셨다고 합니다. 그가 잠들기 전 즐겨 마셨던 칵테일이라는 것이 몹시 특이합니다. 식초와 압생트를 절반씩 섞은 뒤 잉크 한 방울을 뿌렸다고 합니다.

그러나 알프레드 자리의 문학, 특히 기괴한 유머의 맛이 살아 있는 희곡은 오늘날 세계적으로 매우 높은 평가를 받고 있습니다. 죽기 전에 겨우 몇 편의 희곡과 소설을 남겼습니다. 생활 그 자체를 유머로 바꿔 예술과 생활의 담장을 제거해버렸던 특이하고 허무적인 시인이었습니다. 이 시인에 대해서는 20세기 프랑스 문학 세계에 신선한 공기를 불어넣은 가장 위대한 작가 중 한 사람이었다는 평가도 있습니다.


## 육체가 꿈을 꾼다 - 장 콕토와 아편

앞서 인공낙원에 대해 썼는데, 인공낙원에는 다른 종류도 있습니다. 정신력과 재력을 기울여 쌓아올린 의지력에 의한 인공낙원이 아니라, 한순간에 이 세상을 완전히 잊게 해주는 도취경으로 인도하는, 이른바 **찰나주의** 인공낙원입니다.

아편, 코카인, 해시시(마리화나라고도 부른다) 등의 마약은 예로부터 현실에 등을 돌리고 찰나의 쾌락을 얻으려는 사람들이 은밀히 애호해왔습니다. 인공낙원이라는 단어는 애당초 보들레르가 해시시를 음용함으로써 엿볼 수 있었던 멋진 환각의 세계에 부여했던 이름입니다.

마약에는 직접 육체에 작용하는 쾌감이 있을 뿐만 아니라 외계 현실로부터 완전 고립이라는, 더할 나위 없는 상태로 우리를 이끌어주는 기능도 있습니다. 그 때문에 시인이나 작가처럼 항상 지루한 현실에서 벗어나고 싶어 하는 사람들에게는 구원 같은 존재였습니다. '술은 근심 걱정을 없애주는 명약'이라지만, 자기가 원할 때 현실의 압박에서 벗어나 육체적 쾌감과 함께 자신만의 세계에 틀어박힐 수 있기 때문에, 이토록 고마운 것은 좀처럼 없을 것입니다.

보들레르, 에드거 앨런 포(Edgar Allan Poe), 모파상 등이 모두 은밀히 마약을 사용한 듯합니다. 최근에는 철사처럼 깡마른 시인 장 콕토(Jean Cocteau)가 젊은 시절 아편을 태웠던 체험을 여러 형태로 쓰고 있습니다. 일종의 아편 철학 비슷한 것인데, 제법 흥미롭습니다.

"아편을 태우는 사람은 주변 물체와 하나가 된다. 궐련도 손가락도 손에서 떨어진다."

"아편을 태우는 사람은 사방에 먼지로 에워싸여 있다. 정신을 높게 지탱하는 것은 불가능하다. 밤 11시다. 5분간 태우고 시계를 꺼내 보면 이미 아침 5시가 되어 있다."

"아편을 태운 후에는 육체가 뭔가를 생각한다. 육체가 꿈을 꾸고, 육체가 솜을 찢는 것처럼 춤추고, 육체가 하늘을 날아오른다. 아편을 태우는 인간은 살아 있는 미라(Mirra)다."

육체가 무기력해지면서 예민한 감각이 점점 사라져가다가 나른한 감각만이 지속적으로 인간의 육체를 도취시키는 경지. 이런 기묘한 감각을 무엇이라 부르면 좋을까요. 나는 역시 일종의 동양적

적멸사상, 니르바나(Nirvana)에 가까운 쾌감이지 않을까 싶습니다. '니르바나'란 불교 용어로 열반이나 적멸을 의미하며, 일체의 번뇌의 불꽃이 사라져버린 죽음을 말합니다. 프로이트는 인간이 무의식적으로 죽음을 추구하는 본능을 가지고 있다는 사실을 발견하고(제4장 '정사의 미학' 참조), 이런 본능을 '니르바나 원칙'이라고 명명했습니다. 그런데 아편을 태우는 인간이 느끼는 끔찍한 권태에는 죽음의 무기력, 죽음의 무감각을 바라는 인간의 비밀스러운 쾌락이 있는 것 같습니다.

"아편은 생명을 정지시키고 인간을 무감각하게 만든다. 아편 때문에 기분이 좋아지는 것은 일종의 죽음에서 기인할 것이다"라고 콕토가 말하고 있는 것은 이런 점을 증명해줍니다. 나아가 콕토는 "이 물질(아편)을 발명한 중국인은 위대한 민족이다"라고도 말했습니다.

분명 그렇습니다. 중국인은 술이든 마약이든 요리든, 멋지고 세련된 무제한의 감각을 즐기는 민족 같습니다. 아편에 의해 열반의 경지를 인공적으로 실현하고, 거기서 '죽음의 본능'과 노닐면서 영구히 지속되는 쾌감을 탐닉한다고 하니, 이것이야말로 불교에서 말하는 즉신성불이나 마찬가지가 아닐까요. 쾌락주의도 여기서 그 극에 이르렀다고 해야 할지도 모르겠습니다.

즉신성불이란 진언밀교의 독특한 교의입니다. 인간이 살아 있는 육체를 그대로 지닌 채 부처가 된다는 것입니다. 기다란 담뱃대를 입에 물고 미동조차 하지 않은 채, 혹은 이불 위에서 누운 자세 그대로 어느새 쾌락주의의 열반에 도달한 아편 흡음자는, 그야말로 살아 있는 몸 그대로 부처가 된 인간과 마찬가지 아닐까요?

아편을 태우는 사람은 쾌락을 위해 자신의 육체를 망가뜨렸다고 해도 결코 후회하지 않을 것입니다. '살아 있는 미라'가 되는 것이 아편의 목적이기 때문입니다. 막대한 양의 쾌감을 섭취하면 섭취할수록 죽음에 다가간다고 하니, 실로 부럽기 짝이 없는 일종의 **화학적 안락사**라고 할 수 있겠습니다.

이토록 철저히 동양적이고 단정치 못한 퇴폐와 비교해보면 서양식의, 재력과 정신력으로 속죄하는 미의 전당 따위는 한 방에 날아가버릴 정도로 초라하게 여겨지기 때문에 신기할 따름입니다. 마약이라는 인공낙원의 치명적 매력은 결국 이런 완벽히 비생산적이고 반사회적인 성격 안에 존재할지도 모릅니다.

최근에도 미국의 비트족이나 흑인 재즈 음악가 사이에 마약을 하는 것이 유행하는 모양인데, 생각해보면 전혀 신기한 일이 아닙니다. 그들은 지루한 순응주의적 사회(제3장 '쾌락주의란 무엇인가' 참조)와 결별하고 진정한 쾌락, 멋진 오르가슴을 얻고 싶다고 바라고 있는 사람들이기 때문입니다. 노먼 메일러도 끊임없이 마약을 예찬하고 있습니다. 그들이 일본의 선종에 관심을 보이는 것도 이유가 있습니다. 앞서 언급했던 것처럼 마약의 이상은 동양적인, 불교적인 이상으로 이어지고 있기 때문입니다.

# 제 6 장

## 당신도 쾌락주의자가 될 수 있다

# 제6장 당신도 쾌락주의자가 될 수 있다

누구나 쾌락을 추구합니다. 극히 단순하고 당연한 이런 사실에서 출발해 우리는 지금까지 쾌락주의의 여러 측면을 고찰해보았습니다. 쾌락주의 철학에 대해 제법 깊이 있게 들어가보았고 쾌락주의의 거장들, 요컨대 구체적인 인간상에 초점을 맞춰 연구해왔습니다.

다음 과제는 '쾌락주의로의 권유'입니다.

나는 여기서 철학자에서 애지테이터(Agitator, 선동가)로 빨리 갈아탄 후 여러분들을 마구 부추길 생각입니다. 이론을 설명했으니 실천을 해야 합니다. 만약 쾌락주의적 삶이 당신에게 어울린다는 사실을 이해하셨다면, 곧장 실행에 옮기지 않으면 무의미할 것입니다.

쾌락주의를 실행하려면 무엇이 필요할까요. 현대 일본에 살고 있는 두 명의 쾌락주의자를 소개하며 그 마음가짐, 결의에 대해 살펴보고 싶습니다.


내가 생각하는 쾌락주의자의 현대적 이상형

구체적인 실천 문제에 들어가기 전, 우선 우리가 머릿속에 떠올려야 할 이미지로 이런 이상형을 파악해두는 것이 바람직할 것입니다.

물론 각각의 사고방식에 따라 이상형에는 미묘한 차이가 있겠지요. 오다 노부나가(織田信長)가 이상이라는 사람이 있는가 하면, 도쿠가와 이에야스(德川家康)가 이상이라고 말하는 사람도 있을 것입니다. 줄리앙 소렐(스탕달 『적과 흑』의 주인공)을 좋아한다는 사람이 있는가 하면, 제임스 본드(이언 플레밍 《007 시리즈》의 주인공)가 좋다는 사람도 있겠지요. 좋아한다면 좋아하면 되기 때문에 굳이 내가 뭔가를 강제할 마음은 전혀 없습니다. 나는 내 입장에서 이상형을 고를 뿐입니다.

그런데 내가 고르려는 이상형은 역사적인 영웅이나 호걸도 아니며 가상인물도 아닙니다. 화려한 명성이나 소문에 에워싸여 있는 슈퍼스타도 아닙니다. 우리 주변에서 생활하고 있는 평범한 보통 일본인 중 한 사람입니다. 좀처럼 내가 생각하는 이미지에 딱 맞는 사람이 없군요.

우연히 어떤 잡지를 읽고 있다가 작가 후카자와 시치로(深沢七郎) 씨의 기사를 읽었습니다. "연말에 연하선물, 신년 연하장을 더 이상 보내지 않게 된 지 3년 정도 되었습니다"라고 쓴 대목을 발견하고, 나는 "아, 바로 이 사람이다!"라고 생각했습니다.

후카자와 씨는 번거로운 세간 풍습에 과감히 등을 돌리고, 악착같이 일하는 사람이나 매사를 심각하게 받아들이는 사람들을 우습게 여기며, 젊은 시절부터 제멋대로 살아온 사람처럼 느껴졌습니다. 『풍류몽담(風流夢譚)』이라는 작품으로 우익들에게 협박당하는 바람에 겁을 집어먹고 '철새 지미(渡り鳥のジミイ)'라고 개명한 후 기타 하

나만 달랑 어깨에 멘 채 뜬구름처럼 홋카이도까지 방랑 여행을 떠난 적도 있었습니다. 그 무렵엔 잡지사 사람이 전화를 걸어도 거주 불명이라는 소문만 무성했습니다.

현재 부인도 자녀도 없는 후카자와 씨는 어느 잡지 인터뷰에서 다음과 같이 심경을 전하고 있었습니다.

"내 경우는 방만 있으면 돈은 크게 필요치 않거든요. 7,000엔으로 먹고살아야만 할 땐 7,000엔으로 살아갈 수 있습니다. 그러면 일을 하느니 드러누워 있는 편이 낫다는 생각도 들지요. 하지만 빈둥빈둥 누워만 있으면 지루해져버리니까요. 그래서 소설이라도 써볼까 했던 겁니다."

그러나 게으름뱅이 같은 소리를 늘어놓으면서도 정작 본인은 사회에 대한 날카로운 비판의 시선을 잃지 않고 있습니다. 이렇게 요란스러운 표현을 쓰면 아마도 후카자와 씨는 "비판이라니, 그런…"이라며 웃어버릴지도 모릅니다. 하지만 안보 소동 당시, 황태자 결혼식 당시, 케네디 암살 당시 가장 통쾌한 이야기를 서슴없이 한 사람입니다. 우리 같은 서민들이 품고 있는 마음속 울분을 해소시켜준 사람은 바로 후카자와 시치로라는 사내였습니다.

안보 소동 당시 내로라하는 문화인들이 "민주주의의 일선을 넘지 말라"라느니, "시민주의의 양식을 되찾아라"라느니 하면서 얼토당토않은 말을 떠들어대고 있던 와중에, 오로지 후카자와 시치로만은 "떠들라, 떠들라, 더 떠들라!"라고 쓰면서 혈기 왕성한 학생들이나 민중을 선동했습니다.

케네디가 암살당했을 때 후카자와 시치로는 어떻게 했나요? 그는 원폭 따위로 세계 민중을 겁박하던 나쁜 정치가가 죽어서 너무 기쁘다며 이웃 사람들에게 떡을 돌리고 다녔습니다.

그의 방식은 하나같이 세상에 있는 양식 있는 사람들을 깜짝 놀라게 만들거나 빈축을 사는 일투성이였습니다. 하지만 우리는, 적어도 나는 그의 방식에 갈채를 보내며 그의 삶에 경의를 표합니다. 미국의 비트족 중에도 후카자와 같은 사람이 있지 않을까 싶습니다.

다시 한 번 후카자와 씨의 멋진 표현을 소개하겠습니다.

"인간이란 생물이니까요. 진드기 같은 존재라서…. (중략) 진드기는 평화롭잖아요. 먹이도 있고. 무슨 생각을 하고 있는지는 모르지만. 인간도 장래엔 **생각** 따위 안 하게 되지 않을까요? 무감각해지지 않을까요. 동물적으로요."

내가 생각하는 쾌락주의의 극치가 바로 이 후카자와 씨의 짧은 이야기 속에 아주 잘 요약되어 있습니다. 무감각이라는 것은 어떤 의미에서는 역설적인 표현이지요. 쾌감이 계속 유지되는 상태를 역설적으로 표현한 것이라고 해도 좋습니다.

또 한 사람, 현대에 존재하는 쾌락주의 챔피언으로 나는 TV 등에서 자주 볼 수 있는 화가 오카모토 다로(岡本太郎) 씨의 이름을 들고 싶습니다.

오카모토 씨는 본인이 생각하고 있는 것이라면 뭐든지 서슴지 않고 말합니다. "난 피카소를 뛰어넘었다"라는 말도 했지요. 언뜻 보기에 허풍스러운 '뻥'처럼도 들리는 이야기를 천연덕스럽게 하는 사람입니다. 항상 전투적인 자세를 견지하며, 진정한 아방가르드(전위) 예술가는 항상 타인의 혐오와 질시를 받는 인간이어야 한다는 신념 위에 서서 행동합니다. 타인에게 오해받는 것 따위는 조금도 두려워하지 않습니다.

그러나 한없이 쾌활하고 천진난만하며 순수하고 활기가 넘칩니다. 영원한 청년이라는 매력을 가진 오카모토 씨를 누군들 미워하거나 싫어할 수 있을까요?

흥미롭게도 오카모토 씨 역시 여자나 아내가 없습니다. 항상 자유로운 독신 생활을 즐기고 있는 사람입니다. 부자지간, 부부지간 등이 인간의 자유로운 모험적 삶을 구속하고 세상을 질척거리게 만듭니다. 이런 것들이 세상을 불결하게 만든다는 사실을 예술가의 직관으로, 본능적으로 감지합니다. 그래서 그런 번거로운 세상의 규칙이나 어리석은 약속 따위를 피해갑니다.

소심하고 겁 많은 인간이나 인색한 소유욕을 지닌 인간, 반항정신이나 파괴정신이 결여된 우등생 엘리트만이 가정이니 사회니 하면서, 혹은 좀 더 넓게 국가나 사회 등 우리를 기만하는 질서에 필사적으로 매달리지요. 아무 의미 없는 하찮은 것이라도 손에 꼭 붙들고 있지 않으면 불안해지는 모양입니다.

행복한 가정 따위를 구축해버리면 젊은이의 에너지는 더 이상 전진하지 못하기 마련이라는 사실을 애당초 알아두어야 합니다. 처자가 기다릴 가정을 생각하면 모험이니 뭐니 가능할 리 없습니다. 아무쪼록 대학을 무사히 졸업하고 일류 회사에 취직한 후 부장님 중

매로 예쁜 사모님을 얻어 '첫딸 낳은 뒤 아들 둘(일본에서 가장 이상적으로 간주했던 자녀 조합-역주)'을 낳은 다음, 현대적인 아파트에 살면서 차를 사고 오디오 기기를 사면, 그다음에는 기껏해야 젊은 여성이 나오는 바에서 사모님 눈을 피해 바람이나 살짝 피는 정도가 고작일 것입니다. 참으로 한심스럽습니다. 이런 사람은 쾌락주의자로서 가장 밑바닥 부류에 속합니다.

현대 일본 사회에서 살아가는 쾌락주의자 중 대표적인 두 사람의 이름을 들었습니다. 물론 이는 정말 우연히 내 머릿속에 떠오른 우연한 선택의 결과일 뿐입니다. 좀 더 넓게 세상을 바라다보면, 어쩌면 더더욱 흥미로운 무명의 인물을 발견할 수 있을지도 모릅니다.

어쨌든 내 머릿속 이미지에 있는 현대의 '쾌락주의자'의 이상형에 대해 독자 여러분들도 대략 이해하셨을 것이라 생각합니다. 그렇다면 이제부터 이런 이미지를 머릿속에 넣어둔 다음, 구체적 문제로 들어가보고 싶습니다.

유혹을 두려워하지 말 것

우선 먼저 "유혹을 두려워하지 말라"라는 점을 강조하고 싶습니다.

세간에는 다양한 종류의 유혹이 있습니다. 젊고 순정적인 청년을 여자가 나오는 바로 끌고 가는 선배가 있습니다. 이것도 유혹이겠지요. 수험 공부 중인 학생이 공부 때문에 마음이 급한 상황에서도 자꾸만 TV에 나오는 야구 중계에 곁눈질을 합니다. 이것은 유혹에 저항하는 자세일 것입니다.

'받아들이다, 지르다, 사다'라는 것은 속된 말로 사내의 세 가지 커다란 쾌락으로 꼽히고 있습니다. 이런 것들은 모두 유혹과 떼려야 뗄 수 없는 관계에 있습니다. 아카센(赤線, 공창제도 폐지 후 1946년부터 영업이 허가된 매춘 목적의 특수음식점 구역. 1956년 매춘방지법 공포에 따라 차츰 자취를 감춤-역주)이 폐지되면서 이젠 없어졌지만, 과거엔 선배가 사내로 만들어주겠다는 구실로 후배를 사창가로 끌고 가는 야만적인 풍습도 있었습니다. 이것은 '사는' 쪽의 유혹이지만 '받아들이는' 쪽이나 '지르는' 쪽도 나쁜 친구의 꼬임에 넘어가 자기도 모르게 줏대 없이 그 길로 깊게 들어서버린 사람이 의외로 많았을 것입니다.

도시 생활에서는 유혹거리가 많다고들 합니다. 그리고 일반적으로 유혹이란 꺼림칙한 일, 신상에 좋을 게 없는 일, 사람을 타락시키는 일이란 식으로 여겨집니다.

하지만 유혹이 과연, 언제나 절대적으로 나쁠까요. 나는 그렇지 않다고 생각합니다. 좋고 나쁘다는 판단은 유혹을 받아들이는 자의 태도 여하에 달려 있습니다.

세간에는 유혹거리가 넘칩니다. 온갖 유혹으로부터 스스로를 차단해 자기 주위에 두꺼운 벽을 쌓아올리는 것은 애당초 불가능합니다. 의식을 하든 안 하든, 모든 인간은 어린이에서 성인으로 성장해가는 동안 조금씩 다양한 유혹에 노출됩니다. 어떤 이는 이것을 거절하고, 어떤 이는 이것을 받아들이며 점점 변해가기 마련입니다. 유혹에서 완전히 비껴가기란 불가능합니다.

과거에 존재했던 금지옥엽의 규수에게도 순식간에 벌레가 꼬이기 마련입니다. 아무리 조심스러운 보호를 받아도 역시 유혹은 다가옵니다. 틈새를 파고드는 바람처럼 어느새 파고들어와 있습니다.

유혹을 받아 인간이 변한다고 해도 좋은 쪽으로 변하면 괜찮지 않겠습니까? '좋다'라는 단어도 애매하긴 하지만, 자신이 변한다면 당연히 나쁜 쪽으로 변할 거라고 생각해 유혹을 받는 것 자체를 두려워하는 인간은 정신적으로 상당히 나약한 인간일 것입니다. 마치 위장이 약한 병자가 배탈이 나지 않으려고 소화가 잘되는 빈약한 음식만 아주 조금씩 몸을 사려가며 먹고 있는 것이나 마찬가지입니다. 뭐든지 먹을 수 있는 강하고 튼튼한 위장을 가지기 위해 평소부터 다소 소화가 잘 안 되는 것도 먹어두어야 합니다. 유혹을 받으면 받을수록 인간의 정신은 강해지기 때문입니다.

'악서(惡書) 추방'이라는 명목으로 일전에 부인회나 청년단이 나서서 에로 잡지나 불량 만화책을 보이콧하는 운동이 행해졌다고 합니다. 이런 운동에는 약간 의문도 듭니다. 그런 식으로 일본 전체를 청결한 결핵요양소(Sanatorium, 새너토리엄)처럼 **소독**해버리면 일본 국민은 모조리 나약한 병자 같은 정신을 갖게 되지 않을까요. 일본 국민이 모조리 순결한 처녀와 동정이라면 이야기는 달라지겠지만, 실상은 그렇지도 않을 것입니다.

인류가 지구상에 번식하고 있는 이상, 에로티시즘이라는 세균을 근절하는 것은 도저히 불가능합니다. 오히려 '악서' 따위를 봐도 태연할 수 있는 강인한 정신을 길러내기 위해 어린 시절부터 에로티시즘의 면역 주사라도 놔두는 편이 센스 있는 처치일 것입니다.

유혹당했기 **때문**에 타락했다든가 영향을 받았기 **때문**에 나빠졌다는 사고방식은 비겁합니다. 애당초 유혹을 당했다는 것과 타락했다는 것이 직접적 인과관계로 연결될 수 있는 성질의 것일까요? 결국 타락할 사람이라면 애초에 타락하게 만들어져 있는 나약한 인간일 것입니다. 안 되는 인간이지요.

강한 인간이었다면 똑같은 유혹을 받았더라도 오히려 자신의 진보와 발전을 위해 유익한 양식으로 삼아 자신의 내면에서 잘 소화했을 것입니다. 술이든 연애든 독서든, 그들에겐 인생을 풍요롭게 만들어줄 재료가 되었겠지요. 소화불량을 일으키는 자들은 원래 위장이 약한 사람들입니다. 이것을 유혹이나 영향 탓으로 돌린다는 것은 발칙하고 부당한 이야기입니다.

젊은 시절엔 닥치는 대로 온갖 책들을 읽어두는 편이 좋습니다. 악서도 양서도 없습니다. 문제는 책을 읽는 인간 쪽에 있습니다. 많은 정신적 유혹을 받아야 비로소 그 사람의 내면세계는 풍요로워지며 내면세계의 지평선도 확대되어갈 것입니다.

"저건 학교 선생님이 읽지 말랬는데…"라든가 "친구한테 들키면 창피하니까…"라면서 특정 부류의 책들을 무작정 질색하면서 읽지 않는 것은 좀스러운 위선자, 겁쟁이입니다. 어쩌면 그런 위험한 책 속에서 소중한 보물을 발견할 수 있을지도 모릅니다. 내심 견딜 수 없이 읽고 싶으면서도 어떤 영향을 받지는 않을까 두렵겠지요.

애당초 자기 스스로를 그토록 소중히 할 필요가 과연 있을까요. 비단 책 이야기만이 아닙니다. 연애든 뭐든 마찬가지입니다.

"인생은 짧아, 사랑하라 처녀들아"라는 노래가 있습니다. 이는 스스로 유혹을 향해 몸을 내맡기도록 장려하는, 그야말로 쾌락주의적 노래입니다. "붉은 입술 빛바래기 전에…"라는 가사가 이어집니다. 참으로 맞는 말씀입니다. 유혹에 저항하는 사이에 아까운 청춘이 가고 "아, 그때 맘껏 해두었으면 좋았을걸!"이라며 후회하게 됩니다. 그러나 아무리 후회해도 과거로 돌아갈 수는 없습니다. 그것은 곤란합니다. 지나간 시간은 다시 돌아오지 않습니다. 결심이나 노력을, 키스나 포옹을 내일로 미루는 것만큼 어리석은 일은 없습니다.

프랑스의 시인 자크 프레베르(Jacques Prévert)도 다음과 같이 열정적으로 노래하고 있습니다.


나를 안아줘
키스해줘
아주 많이 키스해줘
나중에는 너무 늦어
우리의 삶은 지금이야
키스해줘!

## 독불장군도 마다하지 말 것!

"남편이 좋아하는 붉은 두건(보통은 검은색 두건을 쓰지만 남편이 굳이 붉은 두건을 고집하면 따라야 한다는 의미-역주)"이라는 속담이 있습니다. 고집스럽게 붉은 두건을 쓴 인간은 아무래도 세간의 눈으로 봤을 때 독불장군처럼 취급받게 됩니다. 그게 뭐 어떻습니까? 그래도 괜찮지 않습니까?

독불장군 정신은 쾌락주의적 삶을 관철하기 위해 매우 소중한 일입니다. 앞 장에서 소개한 '쾌락주의의 거장들'도 모두 제각각 그 인품 안에 독불장군 정신을 관철한 사람들입니다. 일본에서는 '남의 흉이 내 흉이다(타산지석)'라는 쪼잔한 속담이 통용되고 있습니다. 말도 안 됩니다. 타인은 타인, 나는 나입니다.

항상 타인과 자기를 비교하면서 "이렇게 하면 비웃음거리가 되지는 않을까?"라든가 "남들이 이상하게 생각하지 않을까?" 하면서 일일이 남의 눈에 신경을 쓰는 사람은 이미 자신의 주체성을 상실한 것이나 마찬가지입니다.

모두들 TV에 나오는 올림픽 프로그램 따위에 매달려 있는 바람에 극단적으로 손님이 적어진 바나 카바레에 가서 수많은 호스티스에 에워싸여 무척 **인기가 많았다**는 남자에 대한 이야기가 있습니다. 골프가 등장하면 골프, 자동차가 붐이면 자동차, 올림픽이 화제가 되면 올림픽, 마치 전쟁 당시의 "오른쪽으로 줄을 서라"처럼 항상 타인과 똑같은 행동을 하지 않으면 신경 쓰여 죽겠다는 사람이 늘어나고 있습니다. 묘한 인종입니다. 돌연변이 생쥐(팽이쥐)처럼 뱅글뱅글 돌며 유행을 따라가고 풍속을 쫓아가고 있습니다.

　이런 무리들이야말로 자본주의 소비문화가 뼛속까지 침투한 가엾은 대중사회 소외의 산물입니다. 일종의 신경증 환자, 일종의 병자입니다. 스스로 의식하지도 못한 채 이미 주체성을 상실한 상태입니다.

　시대의 유행에 일부러 역행하는 입장을 명확히 하는 사람은 신뢰할 수 있는 사람으로 여겨집니다. **꼴불견**이라느니, 자기 이름을 파는 행위라느니, 돋보이려고 별짓을 다한다느니, 도저히 눈 뜨고 봐줄 수 없다느니, 여러 이야기를 들을 수도 있겠지만 다 부러워서 하는 소리입니다. 세간의 의견에 아랑곳할 필요가 없습니다. 그냥 듣고 흘려보내면 됩니다. 탁월한 학자나 예술가 중에는 시대적 흐름에 초연한 사람이 많아서, **꿈쩍**도 하지 않는 '편견(偏見)'으로 가득 찬 사람이 많다는 사실은 잘 알려져 있습니다.

　편견에 대해 생각해봅시다. 애당초 편견이 전혀 없는 인간이란 무색투명한 물 같은 존재이지 않을까요? 그렇다면 아무런 재미가 없는 인간이지 않을까요? 예를 들어 "위스키에는 절대 찬물을 타서 마시지 않는다"라든가 "나일론 팬티는 절대로 입지 않는다"라든가 "도카이도(東海道) 신칸센은 죽어도 타지 않는다"라는 식의 편견이 있습니다. 돌아가신 아버지가 남긴 유언이었는지는 모르겠으나, 묘하게 이런 소소한 편견을 고수하는 사람이 많습니다. 이런 사람은 사랑스럽고 유쾌한 인물입니다. 화가 살바도르 달리(Salvador Dali) 같은 사람은 편견투성이의 인물이었던 것 같습니다. 그는 다른 사람들 앞에서 신발을 벗는 것을 싫어해서 항상 똑같은 신발을 계속 신고 있었다고 합니다.

반시대적인 자세를 관철한다는 점에서도 달리는 존경할 만한 인물입니다. 일본을 포함해 현재 세계 화단에서는 모던아트나 추상화 계통이 전성기를 구가하고 있습니다. 그러나 달리는 자기 혼자 "르네상스로 돌아가라. 라파엘로 돌아가라"라고 외치며 고전주의의 기치를 내걸고 시대적 풍조에 철저히 등을 돌리고 있습니다. 그것만이 아닙니다. 그는 요즘 시대의 예술가치고는 드물게 가톨릭으로 개종했고, 사랑하는 아내 갈라를 모델로 한 기묘한 성모 마리아 그림을 그렸습니다. 물론 내가 고전주의에 찬성한다는 이야기는 결코 아닙니다. 하지만 달리의 이런 독불장군 정신에는 배울 점이 많다고 생각합니다.

가느다랗게 휘어진 기다란 콧수염에 두 눈을 동그랗게 치켜뜬 달리 씨의 희극배우 같은 자화상을 혹시 보신 적이 있으시겠지요. 그는 종종 농인지 진담인지 도무지 짐작할 수 없는 자기자랑이나 호언장담을 하며 근엄한 척하는 사람들의 노여움을 사거나 경악시키기도 했지만, 이런 것들도 요컨대 그의 천진난만한 놀이 정신, 유머 정신, 사람을 어리둥절하게 만들기 좋아하는 '미스티피카숑(신비화)' 정신에서 나온 것이라고 말해도 좋을 것입니다.

## 오해받을까 두려워하지 말 것

　타인의 눈에 비치는 스스로의 모습에 대해 필요 이상으로 신경
쓸 필요가 없습니다. 행여 타인에게 오해받을까 봐 두려워할 필요
도 없습니다. "나를 오해했다면 맘대로 오해하든가." ─ 이 정도로
뻗댈 수 있는 정신이 필요합니다. 독불장군 정신을 순수하게 관철
하고자 한다면 세간으로부터 당연히 오해받을 수 있기 때문입니다.
"그 사람은 이상한 사람이야. 비뚤어졌어"라는 소리를 듣습니다. 상
대방의 그런 오해들을 하나하나 바로잡아주려고 했다가는 몸이 열
개라도 부족합니다.

　애당초 인간이란 제멋대로입니다. 본인은 상대방을 정당하게 이
해했다고 생각해도, 어딘가에 분명 자그마한 오해가 있기 마련입니
다. 계급적 편견이 있는가 하면, 사상적으로 색안경을 끼기도 합니
다. 기독교 교도는 기독교 교도라는 색안경으로 세계를 바라보고,
사회주의자는 사회주의자의 눈으로 세계를 바라봅니다.

　도덕이나 사상의 상대성이라는 문제도 있습니다. 가톨릭 신자들
사이에서는 이혼도 피임도 금지되어 있습니다. 하지만 일본인들은
이혼이든 피임이든 이런 것들을 했다고 아무런 도덕적 고통도 느
끼지 않습니다. 어느 나라에서는 추상화가 '당나귀 꼬리(러시아어로
Ослиный хвост, 1912년 개최된 전람회로 러시아 아방가르드 초기의 대규모 전람
회 중 하나였음-역주)'라고 불리며 비난받지만, 또 다른 나라에서는 어
느 전람회든 추상화가 대세입니다. 어떤 사람은 애국심이야말로 가

장 소중한 미덕이라고 외치지만, 또 다른 사람은 애국심 따위는 다 부질없다고 내심 비웃고 있습니다. 재즈를 좋아하는 사람이 있는가 하면, 신파 가요를 좋아하는 사람도 있습니다. 천황 폐하를 보고 눈물을 흘리는 사람도 있지만 비웃을 사람도 있을 것입니다.

도덕은 상대적인 것이어서 나라나 지방의 풍속이나 습관에서 생긴 것입니다. 좀 더 간단히 말하자면 편견의 결과일 뿐입니다. "편견을 없애라"라는 말은 "도덕을 없애라"라는 소리와 거의 같습니다. 도덕교육은 편견교육을 말합니다.

상관없습니다. 문제는 진리든 편견이든 우리가 어떤 입장에 섰을 때, 설령 그 입장이 다른 수많은 사람들의 입장과 다른 것일지라도 신경 쓸 필요가 없다는 사실입니다. 설령 자기 입장이 절대 다수의 의견과 일치하지 않아도 자신의 의견을 피력하기를 주저하거나 철회할 필요가 전혀 없습니다.

예컨대 자신에게 동성애 경향이 설혹 있다고 해도 부끄러워하거나 숨길 필요는 전혀 없습니다. 어째서일까요? 동성애를 찬성하는 입장이나 이성애를 긍정하는 입장이나 결국 하나의 도덕적 편견일 뿐이기 때문입니다. 전통적인 풍속이나 습관의 결과일 뿐 이성애가 동성애보다 훌륭하고 고상한 것이라고 아무도 증명할 수 없습니다. 아이를 낳는다는 것은 아무리 생각해도 그 정도로 훌륭한 일은 아닙니다.

아이를 낳는다는 것이 그다지 훌륭한 일이 아니라고요? 이렇게 말해버리면 틀림없이 오해를 받겠지요. 생각해보면 내가 이 책의 첫 페이지에서부터 언급해왔던 것은 거의 대부분 오해받기 딱 좋은 내용뿐입니다. 그러나 그런 것은 실은 아무래도 상관없습니다.

오히려 기꺼이 상대방이 오해하게끔, 여러 민감한 소재들을 무수히 제공하거나 자기 주변에 오해를 위한 연막을 가득 쳐서 그 연막 안에서 자신의 진실한 모습을 가려버리는 편이 훨씬 센스 있지 않을까요? 그런 방식을 도회(韜晦, 자신의 재능이나 학식을 감춤-역주), 즉 '미스티피카숑(신비화)'이라고 합니다. 앞서 예로 들었던 알프레드 자리나 살바도르 달리는 이런 방면의 대가입니다. 일종의 닌자 권법이지요. 상대가 허둥대다 보면 "정말이지 저 사람은 복잡기괴한 인물이네"라는 말을 자기도 모르게 하게 됩니다. 정작 당사자는 코웃음을 쳐버립니다(나도 이 책 속에서 아주 살짝 이런 수법을 써보았기 때문에 아무쪼록 조심히 읽어주시길 바랍니다).

정체를 알 수 없는 인물은 매력적입니다. 세간은 허술하기 마련입니다. 항상 선글라스를 끼고 있는 정체불명의 인물에게는, 뭐라 표현할 수 없는 복잡한 그림자가 있을 것 같아서 자기도 모르게 존경을 표하게 됩니다. 세상에 덤벼드는 거침없는 정신, 거기에는 독불장군 정신과 일맥상통하는 것이 존재한다고 말해도 좋을 것입니다.

## 정신적 귀족이라는 것

유혹을 두려워하지 말고, 타인의 오해도 두려워하지 않으며, 어디까지나 독불장군처럼 당당히 자신을 밀고 가기 위해서는 강한 정신적 에너지가 필요합니다.

과거의 스토아 철학자들은 주위의 영향에 동요받지 않는 평정한 마음 상태를 '아타락시아'라고 부르며 현자의 최고 이상으로 생각했습니다. 타인이 뭐라 하든, 세간이 아무리 수선을 피워도 항상 화창한 마음가짐을 유지하며 평소대로 자신이 좋아하는 것을 할 수 있는 상태를 말합니다. 실로 부러워할 만한 심경입니다.

프랑스의 악마파 시인 보들레르가 이상적이라고 간주했던 상태도 이와 비슷한 일종의 자아 숭배에 가까운 태도였습니다. 보들레르는 이것을 댄디즘이라고 불렀습니다. 보통 '댄디'라고 하면 '멋쟁이'라든가 '맵시꾼'이라는 의미인데, 보들레르는 이 단어를 더욱 세련되게 만들어 이른바 '정신적 귀족주의'라는 의미로 순화시켰습니다. 댄디즘은 다수결의 민주주의 사회, 모든 인간이 제복을 입고 판으로 찍어낸 듯한 뻔한 일상을 보내고 있는 사회에 대항해, 정신의 주체성을 지키고 독불장군 태도를 관철하기 위한 계율이었습니다.

"댄디라는 미의식은 외부로부터 심적 동요를 당하지 않겠노라는 굳은 결심, 그 결심에서 오는 냉정한 태도 안에 깃들어 있다"라고 보들레르는 말합니다. 그런데 이런 당당한 결심은 스토아 철학자의 태도와 무척 흡사합니다. 댄디는 타인을 놀라게 하는 것에는 흥미를 가지지만, 스스로가 놀라는 것은 부끄러움으로 받아들입니다. 조금 전 언급했던 '도회술'은 댄디에게 유리한 전술입니다. 그 어떤 것에도 놀라지 않는 것, 요컨대 스토아 철학자가 말하는 '니힐 어드 미러리(Nihil admirari[Nil admirari], 고대 로마 시대의 시인인 호라티우스[Quintus Horatius Flaccus]의 시집 『서간시[Epistulae]』에 보이는 표현으로 어떤 것에도 무감동하다는 의미-역주)' 상태가 바람직하다는 이야기입니다.

결정적인 순간에 취할 행동에 대비해 항상 정신적 에너지를 축적해두기 위해서는 주위의 하찮은 것들에 일일이 신경 쓰거나 놀라선 안 됩니다. 느끼지도 않고 동요되지도 않는 '불감부동의 정신', 요컨대 스토아 철학자가 말하는 '아파테이아(Apatheia, 정념에서 완전히 해방된 상태-역주)' 정신이 요구됩니다.

댄디즘, 정신적 귀족주의, 자아 숭배 — 뭐라고 불러도 좋습니다. 결국 그 의미하는 바는 모두 독불장군의 본령을 고수할 수 있도록 행동의 에너지를 유효하게 사용하기 위한 영혼의 위생학입니다. 자존심이 없는 사람이 독불장군의 입장을 견지할 수는 없습니다.

전후 민주주의 세상에서는 귀족주의나 정신주의 따위가 엄청난 비난의 의미로 사용되고 있는 모양입니다. "그자는 귀족주의다. 특권계급 사상이다. 반동적이다"라는 비난입니다. 그러나 외국에서라면 몰라도 지금의 일본에선 어디를 찾아봐도 귀족 따윈 없습니다. 그 때문에 귀족주의란 현재로서는 순수하게 하나의 정신적 태도에 불과합니다. 부르주아주의와는 완전히 다릅니다. 돈의 힘이나 물질적 안락을 경시하는 사상입니다. 정신의 '올마이티(Almighty)', 자아의 우월을 고수하려는 사상입니다. 조금도 비난받을 구석이 없습니다.

뭐든지 **평등**하기만 하면 된다는 것은 참으로 웃기는 사상이지 않을까요? 똑같은 규격을 가진 단지형 아파트에 살면서 모조리 똑같은 하얀색 와이셔츠, 양복, 바지를 입고 똑같은 헤어스타일을 하고, 하나같이 똑같은 종이 표지로 된 베스트셀러를 읽으며 똑같은 빌딩, 똑같은 사무실에서 일한다고 굳이 정신이나 사상, 사고방식이나 감수성, 행동 방식까지 동일한 규격품이어야 할까요? 모두 함께 출근길 만원 전철을 타고 있다고 해서, 굳이 정신까지 기성품처럼 **평등**해져 모두 앞다투어 '도토리 키재기'를 하지 않으면 안 되는 법이라도 있습니까? 그것이 민주주의라면 그런 민주주의는 개나 줘버리세요.

제2장에서 설명했던 것처럼 한 개의 사과를 열 명에게 평등하게 분배했을 때 더 이상 쾌락은 존재하지 않습니다. 쾌락주의를 실천하기 위해서라도 평등이라는 미명의 이런 속임수 이상에 걸려들지 않도록 조심합시다.


## 본능에 따라 행동할 것


"자연의 온갖 노력은 모조리 쾌락을 향하고 있다"라고 지드는 쓰고 있습니다. "자연은 풀잎을 길러주고, 나무의 싹을 틔워주고, 꽃봉오리를 피워준다. 꽃부리를 햇살의 입맞춤에 바치고, 생명을 가진 모든 것을 혼인하게 만들며, 우둔한 유충을 번데기로 변화시켜주고 누에고치 감옥에서 나비를 날아오르게 한다. 이 모든 것이 자연이 해주는 일이다. … 그러므로 나는 쾌락 안에서 책 이상의 교훈을 발견했다(『새로운 양식』)"라고도 하고 있습니다.

실제로 지드의 시적인 글의 내용처럼, 인류가 쾌락을 위해 태어났다는 것은 이 아름다운 자연을 바라보면 금방 알 수 있습니다. 동물이나 식물은 순수한 마음으로 쾌락을 추구하고 즐기고 있지 않습니까. 인류도 분명 동물의 일종이며 자연의 일부라면, 어째서 이런 환희를 맛보면 안 되는 것일까요? 이것은 의심할 여지없는 사실입니다.

세계의 유기적 조화를 믿고 자연 이외에 신을 인정하며 신이 자연 속에서 감각적으로 계시(啓示)된다고 믿는 사상을 철학 용어로 **범신론**이라고 하는데, 괴테나 지드처럼 자연을 사랑하는 쾌락주의자는 명백히 이런 범신론자의 부류에 포함시켜도 좋을 것입니다. 나아가 『풀잎(Leaves of Grass)』의 시인 월트 휘트먼(Walt Whitman), 『채털리 부인의 사랑(Lady Chatterley's Lover)』을 쓴 D. H. 로런스(David Herbert Lawrence), 『북회귀선(Tropic of Cancer)』을 쓴 헨리 밀러(Henry Valentine Miller) 등도 일종의 범신론자로 불러도 무방할 것입니다. 그들 모두가 육체 찬미의 쾌락주의적 사상을 가지고 있었던 것도 납득이 갑니다. 자연을 열렬히 사랑하며, 거대한 자연의 질서와 우주의 리듬에 오롯이 몸을 맡겨 몰입하는 삶은 결국 생명을 고양시켜주는 쾌락주의적 경향과 이어지기 쉽습니다.

D. H. 로런스의 『채털리 부인의 사랑』에는 채털리 부인인 코니와 산지기 멜로즈가 숲속 오두막에서 전라 상태로 서로의 몸에 난 털에 장난을 치면서 야생화를 장식해주는 장면이 있습니다.

 "그는 몇 송이의 물망초를 그녀의 '비너스의 언덕(치구, 불두덩)'에 있는 아름다운 갈색 털 안에 살짝 꽂았다. '세상에!' 그는 말했다. '바로 이곳이 물망초를 장식하기에 가장 적합한 장소로군요!' 그녀는 자신의 몸 아래쪽 갈색 음모 사이 꽂힌 유백색의 자그마한 꽃을 신기하다는 듯이 내려다보았다. '어머나, 예뻐라!'라고 그녀는 말했다. '생명처럼 아름답소'라고 그는 대답했다."

 보시는 것처럼 이것은 남녀의 섹스 행위를 어머니인 대자연의 생식 리듬, 꽃들의 생명이나 대지의 고동과 동일시하면서 아름답게 묘사한 부분입니다. 범신론적인 눈으로 바라보면 육체는 그대로 하나의 꽃이며, 꽃은 그대로 하나의 육체입니다.

 헨리 밀러의 경우 순수한 남녀의 성적 행위는 더더욱 상징적인, 더더욱 신비한 일종의 유토피아처럼 간주되고 있었습니다. 그는 그 이름을 '성교의 나라'라고 불렀습니다.

 "인간은 비유적으로 말해 스스로를 호수로도 강으로도, 나무로도 산으로도, 천사로도 악마로도, 그리고 신으로도 만들 수 있다. 우리에게 생명이 있는 한 우리는 뭐든지 할 수 있다. … 우리는 마음이 내키는 대로 누구와도 결혼하고 여자를 버린다거나 이혼 같은 걸 하지 않아도 되게 된다. 남자와 여자의 생식기는 이름이나 주소까지 달려 있는 개인적 소유물이 아닌 게 된다."

"나는 이 같은 땅 위에 완전히 새롭고 근사한 세계가 출현할 것을 기다리고 있다. 그곳은 이곳과 전혀 다를 것이다. 만약 오늘의 남자와 여자를 그때 떠올릴 수 있다면 틀림없이 모조리 기괴한 난쟁이로 보일 것이다. 거기서는 인간과 금수가 사이좋게 지내며, 사랑은 일체의 것들을 아름답게 만들고, 성교는 찬가이며, 인간의 손은 누군가를 할퀴거나 몽둥이를 휘두르는 대신 애무하기 위해서만 사용될 것이다."(『성의 세계』)

헨리 밀러가 그리는 유토피아는 이 책의 제4장에서 설명했던, 인간의 성감대를 온몸으로 확대한, 바로 그 '난교의 유토피아'와 아주 흡사하지 않습니까? 터부와 법률, 약속과 도덕, 국가와 인습조차 모조리 철폐된 '완전한 성적 자유 국가'를 헨리 밀러는 꿈꾸고 있었던 모양입니다.


## '노동'을 즐길 것


인간은 사회적 동물이기 때문에 불행하게도 일하지 않으면 먹고 살 수 없습니다. "일하지 않는 자 먹지도 말라"라는 무시무시한 슬로건까지 있습니다. 그런가 하면 "일을 하여도 일을 해도 내 생활이 나아지지 않누나 가만히 손을 본다"(가난한 삶을 살았던 천재 가인 이시카와 다쿠보쿠[石川啄木]의 저명한 와카[和歌]-역주)라고 슬프게 노래한 시인도 있었습니다.

일하지 않고 편하게 지낼 수 있다면 더할 바 없을 것입니다. 누구든 살기 위해서, 딱히 좋아하지도 않는 직업을 구해 어쩔 수 없이 매일같이 일에 쫓겨 지냅니다. 이렇게 사는 것은 괴로운 일입니다. 본인 취향대로 직업을 자유롭게 고를 수 있다면 그나마 노동의 즐거움이라도 맛볼 수 있겠지만, 현실 사회에서는 개인의 자유의지로 일을 고르기가 상당히 어렵기 때문에 아무래도 노동 혐오 풍조가 일어나기 마련입니다. 당연한 일입니다.

그런데도 노동자들에게 '행복의 노래' 따위를 부르게 하면서 무슨 일이 있어도 **노동의 즐거움**을 선전하려는 것은 기만적인 이데올로기 정책이라고 생각합니다. 소외된 노동 속에서 맛보는 만족은 진정한 만족이 아닙니다.

소외된 노동 안에서도 어떤 종류의 만족감은 분명 맛볼 수 있을지도 모릅니다. 주판 계산이 딱 맞아떨어졌을 때 은행원은 가슴이 놓이겠지요. 모터가 경쾌한 음을 내며 쇳덩어리가 반듯하게 잘리고, 벨트가 자연스럽게 돌아가면서 제품이 계속해서 완성되어갈 때 공장 노동자는 콧노래가 나올 정도로 유쾌한 기분이 들기도 합니다. 손님의 몸에 딱 맞는 양복을 완성했을 때 양재사는 자기도 모르게 미소를 짓습니다.

그러나 일을 통해 느끼는 이런 쾌락은 보수에 대한 기대나 지위 안정이나 자신이 분담한 기능을 무사히 해냈다는 사실에 대한 만족에 지나지 않습니다. 본능적인 욕망의 충족과는 전혀 무관한 경우들입니다.

요컨대 타인의 명령에 따라 내키지 않은 상태에서 하는 일은 아무리 순조롭게 일이 진행되어도 그것을 통해 일정하고 영속적인 쾌감을 얻어낼 수 없습니다.

학자의 연구나 예술가의 창작 활동은 이에 비해 훨씬 큰 만족감을 부여해줍니다. 어쨌든 자신이 주체가 되어 자신의 의지로 일을 추진하고, 자신이 가지고 있는 이미지에 따라 그것을 실현해가기 때문입니다. 하지만 성욕이 만족되었을 때 얻어지는 쾌락과 비교하면, 예술이나 학문에 의한 만족은 비교가 불가능할 정도로 미약합니다. 굳이 말씀드리지 않아도 익히 아시는 사실이겠지요. 기술자나 장인들도 이른바 예술가에 가까운 지점에 존재합니다. 그들 역시 숙련노동에 의한 만족의 감정을 알고 있습니다.

가장 곤란한 것은 계속 이어져가는 '컨베이어시스템(일관작업)' 현장에서 일하는 사람들이나 사무실에서 돈다발을 세거나 전자계산기를 두드리는 이른바 단순노동자들입니다.

기계화가 진행되면서 한편으로는 전자계산기의 프로그램처럼 정신노동을 주축으로 하는 고도 **정보노동**과, 다른 한편으로는 조립공이나 기록공 같은 부분적인 **단순노동**으로 노동 부문이 나뉘면서 기존의 숙련노동이 배제되게 되었습니다.

바로 여기서 심각한 사회문제도 생겨나기 시작했습니다. 그러나 기계화가 좀 더 진전하게 되면 더더욱 노동의 질이 바뀌면서 마침내 장래에는 육체노동에 대한 정신노동의 비중이 현저히 증대될 것이라는 의견도 있습니다.

어쨌든 생활 수단으로서의 노동, 내키지 않지만 어쩔 수 없이 해야 하는 노동은 인간성을 소외시킬 뿐이기 때문에 우리로서는 어떻게 하면 '노동'을 최대한 '놀이'에 접근시킬 수 있는지에 대해 진지하게 임해야 합니다.

이 경우 놀이라고는 해도 마작이나 골프, 볼링이나 파친코 등 이른바 노동의 여가를 이용해 행하는 레크리에이션을 의미하지는 않습니다. 레크리에이션이나 레저는 어디까지나 기분전환에 불과하기 때문에 소외된 인간성을 전적으로 회복하는 수단은 결코 될 수 없습니다. 노동과 놀이의 **구별을 없애고,** 일하는 것이 그대로 욕망의 해방이 되고, 욕망의 해방이 그대로 일하는 것이 되도록, 모순의 통일을 추구해야 합니다. 그것이 과연 가능할까요?

적어도 인류의 원시시대에는 가능했을 것입니다. 성적 터부도 없었고 법률이나 사회, 국가조차 없었던 시대에 남자는 활을 들고 산과 들판을 헤집고 다니며 짐승을 잡아 죽이고, 닥치는 대로 여자들을 능욕하며 야만스러운 본능을 맘껏 만족시켰을 것입니다. 노동이라면 수렵뿐이었으며, 그것은 동시에 놀이였습니다. 문명과 함께 노동은 노동, 놀이는 놀이라는 식으로 분화되어갔습니다. 이 점에 대해서는 제1장의 '쾌락 원칙'과 '현실 원칙' 항목에서 설명했습니다.

장래에는 과연 어떨까요?

## 레저에 대한 환상에 현혹되지 말 것

여기서 다시금 떠올려지는 것은 제4장에서 상세히 언급했던 '성 감대의 확대'라는 유토피아적 이상입니다. 우리 인류는 육체 전체를 무차별적으로 에로스화하는 것을 통해 노동과 놀이의 구분을 비로소 철폐할 수 있습니다. 헨리 밀러의 '성교의 나라'를 실현할 수 있습니다.

물론 현재 단계에서는 어디까지나 몽상의 범주에 머무르고 있을 뿐입니다. 유토피아적 실현을 위해 어떤 구체적 프로그램을 제시하라고 하면 당장은 무리한 상황입니다. 무엇보다 나는 과학자가 아닙니다. 인류 육체의 변혁을 위해선 대뇌생리학이나 세포생화학, 분자생물학이나 기타 온갖 과학을 총동원해서 끊임없이 연구할 필요가 있겠지요. 또한 앞서 언급했던 것처럼 기술혁신이나 경우에 따라서는 사회체제의 근본적 변혁도 필요할 것입니다.

그러나 그런 전문적인 것은 생략하고 다음 이야기로 넘어가고 싶습니다. 나는 다음과 같이 단언해도 좋다고 생각합니다.

우선 첫 번째로 노동이나 생산, 공부 등을 존중하는 원리에서 놀이나 소비, 명상을 존중하는 원리로 금후 우리의 머리를 전환시킬 필요가 있다는 점.

둘째, 우리에게 부여된 레저가 지닌 보잘것없는 이미지에 현혹되어서는 안 된다는 점.

인간의 본질적 기능을 '호모 루덴스(노는 인간)'라고 파악한 것은 유명한 네덜란드 역사가 요한 하위징아(Johan Huizinga)였습니다. 인간이 노동이라는 쇠사슬을 잘라내고 어린아이나 동물처럼 **항상 노는** 존재가 되지 않는다면 진정한 의미에서 사회나 문명이 진보했다고는 볼 수 없습니다. 이 점은 몇 번이고 반복해서 주장해두고 싶습니다.

만원 전철 상태로 스키장을 향하는 기차나 감자를 씻고 있는 것만 같은 해수욕장이나 시끄러운 소음으로 가득 찬 파친코점 등에서는 진정한 욕망의 해방 따위가 있을 리 없습니다. 그곳에 있는 것은 노동의 고통을 잊기 위한 비틀린 해방의 이미지뿐입니다. 노동의 모순을 까맣게 망각한 영역에서 아무리 레저를 효율적으로 즐긴다고 해도, 다음 순간 곧바로 지루하고 고통스러운 노동을 또다시 감수하는 생활을 보내야 한다면, 그런 레저는 과감히 반납해버리는 편이 나을 것입니다.

일의 피로를 달래주고 내일의 노동을 위한 활력을 길어 올리기 위해 레저를 이용한다는 자세는 언뜻 보기에 건전한 정신 상태를 나타내고 있는 것처럼 여겨질지도 모릅니다. 그러나 레저가 노동을 위한 수단이거나 반대로 노동이 레저를 위한 수단인 사회는 대부분의 민중들에게 결코 궁극적이고 바람직한 사회는 아닙니다.

요컨대 외부로부터 부여된 레저에 대한 환상에 현혹되어서는 안됩니다. 노동시간이 단축된다는 것은 기본적 인권이 확대된 것처럼 여겨지고, 사실 그렇게 말할 수도 있겠지만(노동운동은 이것을 추구해왔습니다), 노동이 본질적으로 품고 있는 모순은 그것만으로는 절대로 해결되지 않습니다.

자본의 철칙은 우리의 레저에도 빈틈없이 손길을 뻗치고 있습니다. 노동 대책의 중핵에는 이미 자본가 측의 여가 선용 대책이 놓이기 시작하고 있다는 사실을 잊어서는 안 됩니다. 나아가 레저를 즐기려는 민중의 엄청난 에너지에 의해 소비 욕망이 더더욱 자극받게 되면 자본 측 입장에서는 예상치도 못한 행운, 횡재가 굴러들어온 상황이 되지 않겠습니까? 이리하여 어리석은 민중은 일을 할 때나, 눈이 시뻘게져 레저를 즐길 때나 스스로 인식하지도 못한 채 자본가의 지갑을 두둑하게 해주는 결과를 낳게 됩니다.

자가용, 전자제품의 보급, 마이 홈의 설계…. 만약 그것만이 도달해야 할 이상적 생활의 이미지라면 얼마나 보잘것없는 이미지일까요. 그러나 이런 이미지조차 현실에서는 모든 사람들에게 모조리 분배된 꿈도 아니라는 대목에 커다란 문제가 내포되어 있는 게 아닐까요.

커다란 문제. 물론 저로서는 해결의 단서조차 파악할 수 없는 커다란 문제입니다. 제게 가능한 일은 그저 다음과 같이 경고를 발하는 것뿐입니다. 즉, 쾌락에 대한 민중의 소소한 욕구마저 자본의 현실에 의해 나날이 배반당하고 있다는 점, 그리고 이 정도로 포위를 당한다면 오히려 비트족처럼 기꺼이 노동을 내던져버리고 최대한 생산 사회와 단절한 채 사는 편이 가장 유효한 개인의 자아실현의 길일 수도 있다는 점입니다. 현대의 은자라는 이미지가 다시금 커다랗게 떠오르기 시작합니다.

아무래도 내가 가진 쾌락주의 철학은 다람쥐 쳇바퀴처럼 제자리에서 공전될 뿐인 것 같습니다. 이렇게 쓰다 보니 어느새 다시 맨 처음의 논점으로 돌아와버렸습니다. 이 정도에서 일단 마무리를 짓도록 합시다.


## 맺음말 – 쾌락은 발견이다

하고 싶은 말은 모두 충분히 이야기했습니다.

여태까지 언급해왔던 것의 결론으로, 마지막에 뭔가 센스 있는 기막힌 명대사를 남기고 유유히 퇴장하고 싶은데, 내 빈약한 머리로는 아무래도 적당한 문구가 좀처럼 떠오르지 않습니다. 이런저런 고민을 하던 끝에 '쾌락은 발견이다'라는 평범한 말을 끌고 오기로 했습니다.

콜럼버스의 달걀과 마찬가지로 쾌락이란 스스로 발견하지 않으면 의미가 없다고 생각합니다.

이 점에 대해 피에르 루이스(Pierre Louÿs)라는 프랑스 소설가가 쓴 『새로운 쾌락(Une Volupté Nouvelle)』이라는 단편소설은 무척 흥미로운 사실을 암시하고 있습니다.

내용을 간단히 소개하면 다음과 같습니다. 파리에 사는 어느 중년의 소설가에게 어느 밤 낯선 젊은 미인이 찾아옵니다. 미인은 구릿빛 살결을 지닌 고대의 동양 아가씨로 이미 1,800년 전에 죽었지만 마법의 주문에 의해 밤에만 생명을 되찾아 파리 거리를 배회할 수 있었습니다. 그래서 루브르박물관의 차가운 동굴 창고 안에서 나와 밤거리를 헤매고 다니다가 소설가 집에까지 찾아오게 된 것입니다.

고대 아가씨 카리스토는 매우 기품 있고 풍부한 지식을 갖추고 있었습니다. 현대 문명과 비교해 고대 세계의 문명이 얼마나 훌륭한지를 소설가에게 자랑하듯 이야기해줍니다. ― 양털이나 비단, 마로 된 옷들은 이미 고대인이 발명을 해두지 않았는가. 가죽 신발이나 귀금속, 보석 장신구도 고대 여인들이 몸에 두르던 것들이다. 철학이나 수학, 과학 역시 모두 고대인이 먼저 손을 댔다. 여자의 나체가 지닌 아름다움도 2,000년 동안 조금도 나아지지 않았다. 오히려 그리스인이 발견한 건강한 육체의 쾌락을 쇠약한 현대인들은 잃어버리고 있지 않은가. ― 여자는 이렇게 말하며 느닷없이 옷을 벗더니 근사하고 아름다운, 고대의 조각상 자체인 구릿빛 육체를 소설가 눈앞에 당당히 드러냅니다.

여자에게 이끌린 채 중년의 소설가는 자기도 모르게 꿈같은 환락의 하룻밤을 보냈습니다. 날이 밝은 후 고대의 아가씨는 점심 무렵이 되어서야 눈을 떴습니다. 하지만 다시금 무덤 속으로 돌아가기 전, 자신이 아직 모르는 현대의 **새로운 쾌락**을 맛볼 수 없느냐며 집요하게 소설가에게 졸라댔습니다.

"아, 현대란 왜 이리도 비참한 시대일까요! 쾌락! 쾌락! 정신의 쾌락! 관능의 쾌락! 뭐라도 상관없어요. 새로운 쾌락을 맛보게 해줘요."

끊임없이 떠드는 그녀의 이야기가 너무나 시끄러운 나머지 소설가는 안절부절하지 못하다가 그녀의 입에 담배 한 개비를 물게 한 후 "한 대 피워봐"라고 말합니다. 아가씨는 처음엔 "이까짓 걸…" 하면서 업신여기다가 불을 붙인 후 살짝 경계를 하면서도 조금씩 빨아보기 시작하더니, 그야말로 꿈을 꾸는 듯한 황홀한 표정으로 더 이상 말을 이어가지 않았습니다….

결국 그리스 이후의 인류 역사가 발견한 유일한 **새로운 쾌락**은 담배였다는 **반전의 묘미**를 보여준 후 소설은 끝이 납니다. 자부심 강한 고대의 아가씨도 담배의 매력에는 경의를 표했던 것입니다. 참으로 근사한, 너무나 피에르 루이스다운 산뜻한 단편입니다.

직접 맛보지 않으면 아무것도 알 수 없습니다. 새로운 쾌락은 직접 맛보고 직접 발견해야 한다는 의미일 것입니다.

# 시부사와 형님의 유쾌하고 솔직한 담론

/ 아사바 미치아키(浅羽通明)


1


예를 들어 이런 회상이 떠오른다.


시부사와 씨의『쾌락주의 철학』이 나왔을 당시엔 '갓파북스(カッパ
ブックス, 신서 붐을 이끌며 베스트셀러를 속출시켰던 고분샤[光文社]의 시리즈명-
역주)'가 전성기를 맞이하고 있었습니다. 그런 책들은 뭔가 속물스럽
다는 느낌이 들었기 때문에 어떤 사람과 둘이 "어쩌자고 그런 책을
썼느냐"라며 덤벼들었던 적이 있었지요. 그랬더니 "난 학교 선생님
도 아니고 이런 거라도 해야지"라는 식의 말씀을 하셨던 적도 있었
습니다.

　—「오빠의 힘(兄の力)」(노나카 유리[野中ユリ] 씨 인터뷰)『별책환상문학
시부사와 다쓰히코 스페셜 I (別冊幻像文学 澁澤龍彦スペシャル I )』


이후 다른 의미에서 깜짝 놀란 것이 '갓파북스'의『쾌락주의 철학
(快楽主義の哲学)』입니다. (중략) 갓파북스의 편집자, 여긴 이런 식으
로 바꾸는 편이 이해하기 쉽다느니 하면서 원고 여기저기에 붉은색

첨삭을 마구 넣는다더군요. "정말 엄청나"라는 말씀도 하셨고요. 그 래서 그건 엄밀한 의미에서는 시부사와 씨의 작품은 아니지요. 요 즘 유행하는 구술 필기 서적과 비슷하지요. 시부사와 씨가 말씀하 신 부분의 60% 정도를 편집부에서 다시 작성한 것이지 않을까 싶습 니다.

　—「화려한 연회의 나날(華やかな宴の日々)」(나이토 미쓰코[内藤三津子] 인터뷰)『별책환상문학 시부사와 다쓰히코 스페셜 I (別冊幻像文学 澁澤 龍彦スペシャル I)』


　『별책환상문학 시부사와 다쓰히코 스페셜 I』에 수록된 연보(야가 와 스미코[矢川澄子] 편)에는 갓파북스의 신작 단행본을 맡은 것은 기타 카마쿠라(北鎌倉)에 새집을 건축할 자금이 필요했다는 이유가 절반 을 차지한다는 내용도 보인다.

　1965년 3월 1일 고분샤(光文社) 갓파북스에서 간행된 시부사와 다 쓰히코의『쾌락주의 철학』은 오랜 세월 동안 이처럼 언급되던 책이 었다.

　1960년대 당시 적절한 실용성을 믹스해 대중들의 교양 욕구를 해 소해주던 간키 하루오(神吉晴夫) 사장의 탁월한 상술에 의해『영어 에 강해지는 책(英語に強くなる本)』이나『심리학입문(心理学入門)』을 비 롯한 수만 부의 베스트셀러를 연발해 서적의 상품화, 문화의 획일 화의 상징이 된 '갓파북스'. '현대인의 삶의 보람을 탐구하다'라는 부 제를 단 그 한 권을 하필이면 바로 그 시부사와 다쓰히코가 쓰다니.

그것도 별도의 연재를 거치지 않은 신작 단행본 서적으로…. '이단', '탐미', '고고(孤高)', '반속(反俗)'의 상징적 존재로 치부되던 시부사와 다쓰히코라는 인간과 그 작품들을 사랑했던 팬들에겐 있을 수 없는 오점이었을 것이다. 참고로 이 책의 갓파북스 버전은 초판 3만 부, 최종적으로는 8만 부는 팔렸다고 한다.

비슷한 생각은 그런 자신의 이미지를 의도적으로 연출해왔던 스타일리스트, 시부사와 다쓰히코 본인의 발언을 통해서도 엿볼 수 있다. 가와데쇼보신사(河出書房新社)에서 『쾌락주의 철학』의 해제를 담당했던 다네무라 스에히로(種村季弘) 씨는 시부사와가 이 작품을 『시부사와 다쓰히코 집성(澁澤龍彥集成)』이나 『비블리오티카 시부사와 다쓰히코(Bibliotheca 澁澤龍彥)』(1971년부터 1978년까지의 시부사와의 에세이, 평론들을 수록한 6권의 전집. 나중에 나온 신편은 전 10권. 하쿠스이샤[白水社]-역주) 등의 전집에 다시 수록하지 않고 문고판을 만들자는 제안에도 시원스러운 답변을 하지 않았기 때문에 "저작 목록에서 제외하고 싶어 하는 것처럼 여겨지게 만드는 구석이 있었다"고 지적했다. 그러나 다네무라 씨는 저작 목록에서 반드시 빼겠노라는 저자의 명확한 의향도 없었고, 당시 갓파북스 편집자에 대한 인터뷰와 전 부인인 야가와 스미코 씨의 증언을 바탕으로 편집자 측으로부터 어떤 형식으로든 원고 수정 요구가 있긴 했지만 원고가 대부분 고쳐졌다거나 구술 테이프에 의한 '구술 필기'였다는 사실은 없었다고 결론짓고 있다.

한편 『쾌락주의 철학』을 환영했던 사람들도 있었다.

이케다 마스오(池田満寿夫, 화가·판화가·삽화작가·조각가·작가 등 다채로운 예술가-역주) 씨는 시부사와 다쓰히코가 '베스트셀러', '메이저'의 이미지가 있는 갓파북스에 글을 썼다는 이야기를 듣고, 이로써 우리의 시대가 왔다고 기뻐했다며 회상하고 있다(전집 부록 인터뷰). 요쓰야 시몬(四谷シモン, 인형작가·배우-역주) 씨는 이 책의 첫머리에 나오는 "인생에는 목적 따윈 없다"라는 한 문장에서 받았던 충격에 대해 이야기하고 있다(전집 부록 인터뷰). 커버 뒤에 「저자·시부사와 다쓰히코 씨에 대해(著者·澁澤龍彦氏のこと)」라는 추천문을 기고한 미시마 유키오(三島由紀夫) 씨도 이런 글이 갓파북스에서 나온 점을 평가했던 모양이다(전집 해제).

## 2

시부사와 다쓰히코의 작품 가운데 '문제의 글'이었던 『쾌락주의 철학』이 간행된 지 무려 30년이 지난 지금, 우리는 이 작품을 어떻게 읽을 수 있을까.

다시 해제를 썼던 다네무라 씨의 추측에 따르면 시부사와 다쓰히코가 이 글을 싫어했던 것은 원고에 손을 댔다는 이유 때문이 아니라 편집자가 붙였던 서브타이틀이나 소제목에 보이는 '전후의 계몽주의적 성 해방 이론의 흔적'을 훗날 어색하게 느꼈기 때문인 것 같다.

그러고 보면 현재 우리는 이 책을 읽으면서 하마터면 실소가 터져 버릴 것 같은 대목이나 저자가 어째서 이토록 힘을 주면서까지 열변을 토하는지, 도무지 이해하기 어려운 부분을 몇 군데나 발견하곤 한다.

『쾌락주의 철학』에는 타이틀만 언뜻 봐도 1960년의 고루함이 농밀하게 묻어나는 부분이 없지 않다. '성 해방'이 그때까지의 노동 장려나 순결 예찬을 비판하는 대담하고 급진적인 사상으로 이목을 집중시켰던 시절이었다.

예컨대 "어제는 영화, 오늘은 볼링"이라고 말하면 마뜩잖은 표정을 짓고, "어제 할머니 장례식에 다녀왔습니다"라고 말하면 흡족한 얼굴을 하는 도덕가가 일상적으로 존재했던 시대였다. 혹은 박애주의는 위선이라는 지적이 충격적일 수 있던 시대였다. 기껏해야 '난교의 유토피아'니 '성감대의 확대'라는 주장에 대해 "기가 약한 사람은 자칫 졸도할 수 있는 내용도 적혀 있습니다"라고 굳이 커버 뒤의 '저자의 말'에서 양해를 구해두어야 했던 시대이기도 했다.

『쾌락주의 철학』이 밟아왔던 이런 시대상을 대중문화 측면에서 조명한 양질의 저서에 후지이 히데타다(藤井淑禎)의 『순애의 정신지(純愛の精神誌)』가 있다. 신헌법하의 학교 교육에서 기존의 '이에제도(家制度, 1898년 제정된 민법에서 규정한 일본의 가족제도로, 호주에게 가족의 통솔권을 부여한 것이 골자-역주)'적인 '연애 부정'이나 '순결 강제'가 더 이상 관철되기 어려워지긴 했지만, 고도성장에 의한 물질지상주의가 성도덕을 무너뜨리기에는 아직 역부족이었던 과도기….

쇼와 30년대(1955~1964)를 이렇게 파악하는 후지이 씨는 이 시기에 가메이 가쓰이치로(亀井勝一郎) 등이 다시 유행했다는 사실을 지적하고 있다. 1935년(쇼와 10년) 전후의 시라카바파(白樺派)를 연상케 하는, 구도적이고 금욕적인 '정신주의' 색채가 강한 연애론이나 인생론이었다.

이런 과도기 속에서 시부사와 다쓰히코는 사드의 작품을 번역했다는 이유로 외설죄 재판에 넘겨지면서도 『신성 수태(神聖受胎)』에 수록된 여러 에세이들을 정력적으로 발표했으며 좌익 세력에도 깊이 침투해 있던, 생산력에 봉사하는 금욕근로주의를 격렬히 공격하며 '성', '공포', '희생제의(Sacrifice)', '혁명' 등을 예찬하는 '소비 철학' 사상가로 논단에 데뷔했다. 그런 그의 에세이는 당연히 기존의 '이에 제도'적 도덕과 함께 시라카바파에서 유래한 정신주의적 순결 사상도 조소해 마지않는 파괴력으로 가득 찬 선동(Agitation)이었다.

그러나 이런 시부사와의 입장은 시대적 추이에 따라 그의 의도를 배반해 본의 아니게 앞으로 다가올 고도소비사회의 길을 열어주었다는 의미에서 점차 퇴색해가게 된다.

『쾌락주의 철학』은 그런 순수한 시대의 마지막에, 별도의 연재 형식을 취하지 않고 신작 단행본으로 출간되었다. 여기서 말하는 '쾌락주의'가 당시의 시부사와가 말하는 '소비 철학'의 통속적인 표현임은 물론이다. 그러나 『신성 수태』의 에세이들처럼, 시부사와 다쓰히코의 필봉이 그저 좌우의 생산지상주의나 신구의 금욕주의로 향해져 있으면 충분한 계절은 이미 끝나 있었다. 바야흐로 그는 똑같은 화살을, 예컨대 레저 붐이라는 형태로 도래하던 고도소비사회 방향으로도 당겨야 했다.

이런 자세는 『쾌락주의 철학』의 '들어가기'에 현저하다. 거기서 시부사와 다쓰히코는 한편으로는 일찍이 그에게 공포나 희생제의의 환영을 보여주었던 아프레게르(전후파, Après-guerre), '태양족', 오토바이 폭주족(가미나리족, かみなり族), 전학련(全学連, 전일본학생자치회총연합. 1960년대 학생운동의 중심 단체-역주)의 어두운 그늘과 흉포한 눈초리, 무례하고 냉소적인 입술을 그리워한다. 그리고 다른 한편으로는 규격품 형태의 쾌락을 제공하는 레저 산업이나 거기에 매몰되어가는 현실 긍정적인 세태를 비판하며, 이 책이 이런 상황에 놓인 청년들에 대한 처방전이라고 선언한다. 때마침 시대의 아이돌이 무법자 이시하라 유지로(石原裕次郎)에서 누구에게나 호감을 얻었던 청년 가야마 유조(加山雄三)로 바뀌어가던 무렵의 일이었다.

3

그렇다면 이런 상황을 우려한 시부사와 다쓰히코는 어떤 처방전을 작성했을까. 『쾌락주의 철학』이 다루는 화제는 저자의 박학다식함을 반영해 다방면에 걸쳐 있다.

인생에는 아무런 목적도 없다는 대전제에서 글이 시작되자마자, 어느새 문명이 가져다준 행복에 대한 회의를 피력하고 있다. 칼 부세(Carl Hermann Busse)의 시나 이웃에 대한 사랑이 담고 있는 박애주의, '비에도 지지 않고'의 금욕주의나 칸트의 엄격주의, 소크라테스의 사상까지 계속 소개되면서 지치지도 않고 조소와 매도를 한 아름 선사한다. 에피쿠로스나 스토아 철학에 대한 공감이 사이교에서 잇펜, 미국의 비트족까지 동원된 '은자의 이상'에 대한 찬양으로 이어지는가 싶더니, 『거꾸로(À rebours)』의 주인공 '데 제생트'나 로마 귀족의 호사스러운 주지육림이 찬양된다. 민주주의가 의심되며 기권이 선동된다. 나아가 진정한 쾌락은 횟수나 지속성이 아니라 오르가슴 능력에 있다는 섹스론, 정사에 대한 찬사에 난교에 대한 동경, 그리고 죽음을 직시하는 삶의 발견… etc.

양적으로도 엄청난 내용은 저자 스스로 인정하고 있는 것처럼 다소의 모순이 생기는 것을 개의치 않고 숨 가쁘게 전개된다. 어쩌면 독자분들께서는 그의 박학다식함이 초래하는 현기증에서 문득 정신을 차리고 이런 의문을 중얼거릴지도 모른다. 대관절 저자의 이상은 무엇일까? 호쾌한 인생을 구가하는 삶일까? 아니면 조신한 은자의 삶일까? 쾌락의 독점일까? 성의 아나키즘(Anarchism)일까?

물론 사상 체계를 논리적으로 기술할 생각이 꿈에도 없는 시부사와 다쓰히코에게 그런 질문을 던져봐야 소용없는 짓이다. 그러나 논리적 모순이 느껴지는 다수의 이미지는 어떤 하나의 시점에서 바라보면 훌륭하게 하나의 시야로 수습되어간다.

그 하나의 시점이란 『쾌락주의 철학』 마지막 장에 나오는 '독불장군도 마다하지 말 것', '오해받을까 두려워하지 말 것', '정신적 귀족이라는 것', '레저에 대한 환상에 현혹되지 말 것' 등의 소제목을 보면 자명할 것이다. 즉 '과잉'이나 '무욕' 등으로 방향은 각각 서로 다르지만, 사람들을 규격화하고 세상을 정량적으로 유도하며 문화를 밋밋하게 하면서도 부끄러워하지 않는 대중민주주의에서 반드시 벗어나야 한다는 계시였던 것이다.

다시 말해 이 책의 주장이란 일상의 행복보다는 비일상적 쾌락, 장래를 목표로 한 장기적 계획보다는 지금 이 순간을 치열하게 살아내는 충만감이 더 중요하며, 그를 위해서는 무엇보다 평범한 범용함보다는 고고한 이단이 훨씬 낫다는 단순명쾌한 선동이다.

그러나 이런 선동이 다가올 레저 시대에 항거하는 처방전이 될 수 있다고 생각했던 당시의 시부사와 다쓰히코는 대중민주주의와 고도소비사회를 너무나 낙관적으로, 쉬운 상대로 보고 있었다.

『쾌락주의 철학』에서 후카자와 시치로와 함께 현대 일본의 이상적 쾌락주의자라며 시부사와가 추켜세웠던 오카모토 다로의 예는 하나의 상징적 사건이었다. 오카모토 다로는 1970년 '인류 진보와 조화'를 내건 한가로운 테크노토피아 놀이, 오사카 만국박람회의 심벌 디자이너로 발탁되어 기꺼이 밝은 미래를 노래하는 세력으로 편입되어갔다.

1970년대 이후엔 학생들의 매스컴 지향 현상을 시작으로, 범용함을 혐오하며 스스로를 '개성'의 세계로 다그쳐가는 강박신경증이 세상을 덮쳤다. 1960년대 새로운 3종의 신기(자동차, 에어컨, 컬러 TV) 등등, "이것을 구매하면 다른 사람들처럼 될 수 있는 규격품"을 대량으로 팔아치웠던 소비자본이 언제부터인지 "이것을 고르면 누구든 평범한 사람에서 벗어나 개성을 발휘할 수 있는 규격품으로 이탈"할 수 있다며, 놀랄 만큼 밝아진 거리의 쇼윈도에 여러 물품들을 진열하는 단계에 도달했다.

『쾌락주의 철학』이 제창했던 과격한 삶의 방식은 이리하여 어느새 이단적이지도, 고고하지도 않은 것이 되어갔다. 여기저기에 피어스를 뚫고 머리카락에 오색의 물을 들인 언니, 오빠들이 모두 오해받고 싶어 하며 자기 연출에 골몰한다. 엄청난 프리터(Free Arbeiter, 특정한 직업 없이 아르바이트로 생활하는 젊은 층-역주) 무리가 노동에 대한 기피를 매일같이 몸소 실천하고 있다. 당당히 권리를 주장하는 동성애자도 있다. 르네상스 시대의 아레티노처럼 상대를 위협하고 모욕하며 프라이버시를 폭로해 그날그날의 양식을 얻고 있는 잡지나 젊은 라이터가 무수하다.

혹은—. 헬레니즘 철학자 헤게시아스(Hegesias)처럼 자살을 권유하는 책이 베스트셀러가 되지 않았나? "인생에는 목적 따윈 없다"라는 인식은, '파라노'보다는 '스키조'라느니[주1), 느긋하게 살라느니 하는 말씀을 해오셨던 '시라케 세대(1960년대에 뜨거웠던 일본의 학생운동이 진화된 이후 대학에 진학한 세대. 정치적으로 무관심한 세대로 대략 1955년 전후 출

---

주1) 질 들뢰즈(Gilles Deleuze)와 피에르 펠릭스 과타리(Pierre-Félix Guattari)의 공저 『안티 오이디푸스』에 사용된 용어로 '스키조'와 '파라노'가 있다. 원래 양쪽 모두 정신의학에서 사용된 용어로 '스키조'는 스키조프레니아(Schizophrenia, 조현병), '파라노'는 파라노이아(Paranoia, 편집증)에서 유래한다. 이것을 버블경제 직전인 1984년 철학자 아사다 아키라(浅田彰)가 『도주론』에서 인간의 특질을 분류하는 용어로 소개한 것이 계기가 되어 크게 유행해 연말의 유행어 대상 수상작 중 하나로 선정되었다(동상). '스키조' 인간은 아이덴티티에 속박되지 않고 다양한 것들에 흥미를 가진 사람이며 도주형 인간이다. 이에 반해 '파라노' 인간은 하나의 것에 집중해서 다른 것을 전혀 생각하지 않는 사람으로 정주형 인간을 말한다. 아사다 아키라는 자신이 보유한 아이덴티티의 기반이 선망의 대상에서 벗어났을 때 스키조 인간으로 전환해야 한다고 지적했다.

생함-역주)'가 미리 공유하고 있던 대전제이지 않았나? 혹은 인도의 요가 수행자나 자력종의 즉신불 이상처럼 인간을 인간 이상으로 만드는 영혼의 과학을 실천하려던 종교단체가 세상까지 휘말려들게 한 후 파멸해가지 않았던가?

그리고 무엇보다 시부사와 다쓰히코의 저작물 대부분이 평범함을 거부한 개성을 싼 가격에 구매하고 싶은 '미하(유행에 급격히 빠져드는 팬을 비하한 표현-역주)'들의 수요에 부응해 각 문고본 시리즈 중에서도 갓파북스에 지지 않을 정도의 판매부수를 자랑하는 '롱 셀러'가 되지 않았던가? 이단도 고독도, 탐미도 기교(奇矯, 말이나 행동이 기이하고 이상야릇함. 또는 그 말이나 행동-역주)도, 더 이상 특이하지도 않는 각자의 개성으로 용인된 가치상대화의 세상이 120% 달성되어, 오히려 순애니 박애주의 따위가 오히려 신선한 울림을 주는 요즈음….

4

생각해보면 내가 이 『쾌락주의 철학』을 처음으로 읽었던 것은 20년도 더 된 머나먼 옛날, 고등학교 시절의 일이었다. 시골 헌책방의 50엔 균일 선반에서 커버까지 벗겨진 한 권을 발견했다. 이 책을 다시 읽어보니 그때의 독후감이 더욱 선명히 떠오른다.

예를 들어 이런 구절….

"나는 태생적으로 뭔가를 쓰는 것을 좋아해서 어찌 되었든 뭔가를 쓰는 직업으로 먹고살게 되었지만, 그럼에도 불구하고 원고용지 위에 글을 쓰면서 진저리를 치는 경우가 종종 있습니다. '맙소사, 이제 간신히 50장이로군. 아직도 200장을 더 써야 하잖아!'라는 형국입니다. 쓰고 있는 당사자가 이리도 진력이 나니, 분명 읽고 계신 분은 더더욱 진저리를 칠지도 모릅니다.

독자가 행여 지루해하지 않을까 항상 신경을 쓰는 민감한 편집자는 "선생님, 요즘 아무래도 자극이 부족하신 게 아닙니까. 이론적인 것도 좋지만 좀 더 감각적으로, 폐부를 깊숙이 찌르는 문장이 없으면 독자들이 계속 읽어주지 않습니다…." 등등의 말을 하며 나를 협박합니다.

이미 『흑마술 수첩(黒魔術の手帖)』이나 『호두 속의 세계(胡桃の中の世界)』를 읽고 시부사와 다쓰히코를 추앙하던 10대의 나에게 이 문단의 내용은 충격이었다. 기타카마쿠라의 은자, 문화사의 이면에 정통한 석학으로 일상에서 가장 머나먼 저편에 살고 있었던 시부사와 다쓰히코가, 기실은 편집자에게 협박이나 당하면서 원고용지의 빈 칸을 메우며 가까스로 입에 풀칠하던 36세의 프리라이터였다니. 이런 놀라움은 환멸이라기보다는 오히려 그가 한 사람의 생활자로서 그 민낯을 가볍게 보여주었다는 의미에서 기쁘고 신선한 발견이었다.

처음 읽었던 순간으로부터 무려 20년이 지난 지금, 나는 어느새,

어찌 되었든 뭔가를 쓰는 직업을 가진 인간으로 먹고살고 있다. 그런 내게 이 한 구절은 재능이나 역량의 격차는 말할 것도 없고 자질이나 영역, 방향조차 나와는 거리가 멀었던 시부사와가 틀림없이 내 동업자였음을 밝혀주는 문장이었다. 시부사와 역시 마감 기일에 쫓기며, 편집부의 주문에 고뇌하며, 메워야 할 원고지 장수에 진저리를 치면서 나날을 보내는 프리라이터라는 사실에 나도 모르게 떠오르는 미소를 금할 길 없다. 주택 신축을 위한 계약금 때문에 갓파북스 집필과 씨름하는 시부사와 다쓰히코…. 나쁘지 않잖아!

생각해보면 현재 나는 시부사와 다쓰히코가 『쾌락주의 철학』을 썼던 당시와 같은 나이인 36세다.

실제로 한없이 고답적 태도를 뽐내던 스타일리스트 시부사와가 이런 식의 자조 어린, 불평 어린 레토릭을 구사한 예는 극히 드물다. 이런 허물없는 태도가 이 책 전체에 깊이 배어 있다. 마치 시부사와 형님이 살아 돌아와 "오늘 다 털어놓고 이야기 한번 해보자고!"라고 떠들썩하게 웃어가며 담론을 벌이고 있는 각별한 맛을 자아낸다.

예를 들어 나는 처음 이 책을 읽은 이후 무엇보다 '쾌락주의의 거장들'이라는 제목의 제5장 서양(이백은 동양의 시인이지만) 기인 열전을 애독해왔다. 웃음이 절로 나오며 너무도 멋지고 화통하지 아니한가.

가장 마음에 들었던 사람은 알프레드 자리의 슬랩스틱(Slapstick, 극단적으로 과장되고 익살스러운, 무성영화 시기에 성행하던 영화 장르-역주)을 연상시키는 삶이었다. 물론 그 이외에도 타입은 다양하지만 다른 인

물들도 대단히 흥미로웠다. 다들 엉망진창으로 파열된 캐릭터들이었다. 나는 그 계보의 후예로 많은 분들의 에세이를 통해 알려진 기타카마쿠라의 은자, 유년황제(幼年皇帝) 시부사와 다쓰히코 본인의 활달함을 중심으로, 인간의 삶의 하나의 규범을 그려본 적이 있다 (1993년 세이큐샤[青弓社]에서 간행된 아사바 미치아키[浅羽通明] 『시부사와 다쓰히코의 시대-유년황제와 쇼와의 정신사[澁澤龍彦の時代―幼年皇帝と昭和の精神史]』를 가리키는 것으로 보임-역주).

시부사와 다쓰히코는 『사드 후작의 생애(サド侯爵の生涯)』, 『이단의 초상(異端の肖像)』, 『요인기인관(妖人奇人館)』, 『악마가 있는 문학사(悪魔のいる文学史)』 등을 통해 평론의 명수로도 정평이 나 있다. 그러나 사드, 루트비히 2세(Ludwig II), 질 드 레(Gilles de Rais), 헬리오가발루스(Heliogabalus), 엘리파스 레비(Eliphas Levi) 등 이단적인 거인을 그려낸 저작물에서는 장중한 비극적 색채를 씻을 길 없었다. 지상에 스스로의 우주를 실현하고자 격투한 끝에 '절대'에 목숨을 걸었던 자들의 이야기였던 만큼 어쩔 수 없는 부분이었다. 그에 반해 디오게네스(Diogenes)에서 알프레드 자리로 이어지는 『쾌락주의 철학』 제5장의 열전은 하염없이 경쾌하게 세상과 사람을 비웃으면서도 말짱한 얼굴로 인생을 살아간 도회가(韜晦家)들의 맑고 활달한 분위기로 가득 차 있다.

사실 시부사와 다쓰히코는 사드나 바타유(Georges Bataille), 초현실주의(Surrealism)나 오컬티즘(Occultism)에 대한 탐구로 넘어가기 전, 곡예사에 가까운 수사학자(Rhetorician) 장 콕토에 경도되어 『그랑 에카

르트(Le Grand Écart)』(발레 용어로 양다리를 넓혀 바닥에 딱 붙이는 포즈를 말하는데, 어린 소년이 청년으로 성장해가는 암유로도 표현되고 있음-역주) 번역으로 데뷔한 사람이었다. 장 콕토로 마무리된 이 열전에는 사드 이전에 존재했던 청년 시부사와의 경쾌함과 화려함이 어깨의 긴장을 뺀 편안한 문장으로 되살아나고 있다.

자유자재의 서술은 이후, 예컨대『악마가 있는 문학사』속「작은 낭만파 군상」부분으로 계승되고 있으며,『동양과 서양의 신기한 이야기(東西不思議物語)』처럼 광범위한 독자를 상정한 기담 에세이나 만년의 소설군에 넘치는 '태연자약한(nonchalant)' 묘미로 전개되면서 시부사와 다쓰히코의 후기 작풍에서 유독 눈에 띄는 밝은 분위기를 내포하고 있다.

『쾌락주의 철학』의 유쾌함과 재미는 발표 후 무려 30년이 지났건만 조금도 퇴색되지 않은 채 언뜻 보기에 고루한 쾌락으로의 유혹자라는 가면 아래서 천진난만하게 약동하고 있다.

(보이지 않는 대학 본점[みえない大学本舗] 주재[主宰])

# 역자 후기

장 콕토의 저작을 번역해 문단에 데뷔한 시부사와 다쓰히코는 매혹적인 번역 작품, 유럽 역사에 관한 농밀한 에세이로 주목받았으며 소설가로도 탁월한 역량을 발휘해 일본 문단에 큰 족적을 남겼다. 특히 풍요로운 감수성과 방대한 지식을 바탕으로 역사의 이면에 존재하는 환상적이고 기묘한 테마를 다룬 작품들이 널리 알려져 있다. 압도적인 존재감을 각인시킨 작품들이 매우 인상적인데, 양적으로도 규모가 상당해 세 종류의 전집류가 출간된 바 있고 지금도 여전히 읽히고 있는 작가다.

무엇보다 그는 '마르키 드 사드(Marquis de Sade) 재판'으로 명성을 떨쳤다. 『쥘리에트 이야기 또는 악덕의 번영(L'Histoire de Juliette ou les Prospérités du vice)』의 일본어 번역서인 『악덕의 번영·속(悪徳の栄え·続)』(1959년)을 번역·출판함으로써 '외설문서 판매 및 소지 혐의'로 재판에 회부된 것이다. 시부사와는 그의 번역서가 1960년 4월 경시청 보안과에 압수된 이후, 거의 10년에 걸쳐 재판을 받다가(도쿄지방재판소 무죄, 도쿄고등재판소 유죄), 1969년 10월 최고재판소에서 최종적으로 유죄 판결을 받는다. 이 판결로 시부사와는 자그마치(!) 7만 엔의 벌금형에 처해진다.

문학 작품이 재판정까지 가게 된 예는 결코 드물지 않아서 1957

년의 '채털리 재판'이나 1992년의 '마광수 사건'(『즐거운 사라』)이 먼저 떠오르는데, 시부사와의 경우는 번역서였다. 재판에 참석한 전문가 증인이나 특별 변호인 중에는 소설가 하니야 유타카(埴谷雄高), 오오카 쇼헤이(大岡昇平), 오에 겐자부로(大江健三郎), 엔도 슈사쿠(遠藤周作) 등 유명 작가가 포진했고, 문예평론가 요시모토 다카아키(吉本隆明) 등도 포함되어 있었다. 안보 투쟁으로 뜨거웠던 일본의 1960년대, 세간의 이목을 집중시켰던 이 시끌벅적한 법정 투쟁에서 피고인(!) 시부사와는 법정에 지각을 하는 와중에도 파이프를 물고 유유히 나타나는 등 시종일관 '폼생폼사'의 진수를 보여주며 반골의 매력을 한껏 뽐냈다.

외설적인 내용을 담은 책을 번역했다는 이유로 재판까지 받았던 '이단'과 '탐미'와 '반속'의 아이콘, 그러나 그로부터 무려 60년이 흐른 지금, 시부사와의 작품들은 단순히 '대세'나 '주류'라는 말로 표현하기에는 미진한 구석이 있다. 요란스럽게 도입된 사디즘과 기타 시부사와 스타일의 감수성은 일본 문학과 문예, 문화 전반에 심대한 영향을 끼쳤고 이미 뼈와 살이 되어 일본 문화의 저변을 흐르고 있기 때문이다. '시부사와'라는 등번호를 달지는 않았지만 일본 문화 곳곳에서 다양한 형태의 '시부사와'를 확인할 수 있다.

이 책에는 60년이 지났음에도 불구하고 여전히 참신한 시점이 펄떡거리고 있는 한편, 이 모든 것이 지극히 급진적인 사상일 수 있었던 1960년대의 고색창연한 옛 기억도 드문드문 박혀 있다. 1928년생이니 생존했다면 올해로 95살쯤 되었을 시부사와 할아버지는

2022년의 세상을 어떤 시선으로 바라볼지 무척 궁금하다.

　세월은 흘러 일본뿐 아니라 한국도 성에 대한 담론이라면 고인이 된 시부사와가 관 뚜껑을 열고 나오고 싶어질 정도로 흥미진진하게 펼쳐지고 있다. 그 저변을 흐르고 있는 시부사와 스타일의 일단을 확인해본다는 의미에서, 내면의 지적 호기심 세포가 만개된 상태로 긴장감 있는 번역 작업에 임할 수 있었다. 명품을 해체해 구석구석의 박음질이나 재단 스타일을 추측해보는 듯한 재미도 누릴 수 있었다.

　『쾌락주의 철학』은 철학과 교양, 인문과 예술을 넘나들며 지적 호기심과 재미라는 두 마리 토끼를 모두 잡을 수 있게 해준다. 출판 당시에는 절친한 벗이었던 미시마 유키오가 「저자·시부사와 다쓰히코 씨에 대해(著者·澁澤龍彦氏のこと)」라는 추천문을 써주었는데 저작권 문제로 이 번역서에는 수록할 수 없었다. 미소년의 자태를 연상케 하는 수려한 외모, 말술도 거뜬한 인간적인 매력, 영어는 물론 프랑스어나 독일어에도 능통한 막강한 지적 능력 등을 열거하며 그 박학다식함에 탄복하고 있다.

　『이와나미 시리즈』를 통해 양질의 일본 문화를 한국 사회에 소개하고 있는 ㈜에이케이커뮤니케이션즈가 시부사와 다쓰히코라는 걸출한 작가의 작품에 주목하게 된 점을 진심으로 기쁘게 생각한다. '대세가 된 이단아'의 작품이 많은 분들의 교양 세포를 자극할 수 있기를 기대해본다.

역자 김수희

# 쾌락주의 철학

초판 1쇄 인쇄 2022년 9월 10일
초판 1쇄 발행 2022년 9월 15일

저자 : 시부사와 다쓰히코
해설 : 아사바 미치아키
번역 : 김수희

펴낸이 : 이동섭
편집 : 이민규, 탁승규
디자인 : 조세연, 김형주
영업·마케팅 : 송정환, 조정훈
e-BOOK : 홍인표, 서찬웅, 최정수, 김은혜, 이홍비, 김영은
관리 : 이윤미

㈜에이케이커뮤니케이션즈
등록 1996년 7월 9일(제302-1996-00026호)
주소 : 04002 서울 마포구 동교로 17안길 28, 2층
TEL : 02-702-7963~5 FAX : 02-702-7988
http://www.amusementkorea.co.kr

ISBN 979-11-274-5561-3 03100

창작을 위한 아이디어 자료

# AK 트리비아 시리즈

## -AK TRIVIA BOOK

## -AK TRIVIA SPECIAL